COMPRENDIENDO
LA
SEPARACIÓN

GREGORY K. RIGGEN

Otros libros de este autor:
Comprendiendo la Deidad
Comprendiendo el Nuevo Nacimiento
Llamando el Nombre de Dios (un estudio bíblico en casa)
¿Hablan Todos en Lenguas? (un estudio bíblico en casa)
Lecciones sobre Oración (únicamente en formato digital)
Leyendo la Biblia de una Manera Fácil (gráfica de lectura
diaria; bajada gratuita)

Formularios para hacer pedidos:
The Truth Church of Olathe, Kansas
http://www.olathetruth.com/resources

Todas las citas bíblicas han sido tomadas de la **versión
Reina-Valera 1960** de la Santa Biblia, a menos que se
indique lo contrario.
*(Adaptado para mantener la equivalencia con el uso
original en inglés de la King James Version.)*

DEDICACIÓN

Este libro está dedicado a los maravillosos santos de Dios que "tienen hambre y sed de justicia" y a los grandes hombres de Dios que la proclaman sin temor. Oro sinceramente para que lo que aquí se ha escrito ayude a satisfacer el anhelo del pueblo y fortalezca las manos del ministerio.

CONTENIDO

AGRADECIMIENTOS

Me gustaría expresar mi sincero agradecimiento a todos los que ayudaron a hacer este libro una realidad. Primero, fue el apoyo brindado por el Obispo Gary Howard lo que creo el medio catalizador para que yo escribiera. Segundo, gracias a mi esposa quien pasó horas incalculables leyendo, releyendo, editando y trabajando a mi lado a lo largo de este proceso. Estoy sumamente agradecida por las muchas horas que la Hermana Silvia Uribe dedicó a traducir este libro al español. Adicionalmente, gracias al hermano Jared Hilton (mi asistente) quien ha ido más allá de sus responsabilidades ayudándome con este proyecto. También aprecio a otras personas que ayudaron con la corrección y edición: el hermano John Burgess, Pastor Joe Savala, Evangelista Tim Wodoslawsky, y mi yerno LT Coronel D.J. Uribe (USAF). Sus aportaciones han sido invaluables. Por último, quiero dar gracias a la hermana Jasmine Olmos por el diseño de la portada. A todos y cada uno de ustedes, no tengo palabras para transmitir mi profunda gratitud. La palabra, "¡Gracias!", simplemente no parece suficiente. Sólo sé que estoy realmente agradecido.

PREFACIO
LA RAZÓN POR LA QUE ESCRIBO

Desde hace varios años, varias personas me han pedido que recopile un libro sobre la doctrina apostólica. Repetidamente he ignorado estas sugerencias ya que reconozco que (1) ya existen muchas obras académicas disponibles en cada área de esta verdad, y (2) la forma que yo enseño doctrina es sumamente simple y, en consecuencia, podría ser rechazada por aquellos que esperan un enfoque más "erudito."

Varios eventos han acontecido que obviamente provocaron un cambio en mi manera de pensar. El primer evento fue el tremendo éxito que hemos estado viendo en la conversión de predicadores trinitarios en el continente de África. Este volumen sería extremadamente largo si describiera en detalle lo exitoso que hemos sido, así que daré sólo una breve sinopsis.

A partir del 2013, y continuando hasta (y muy probablemente mucho después) de la publicación de este libro, Dios me ha permitido viajar a varios países de África y enseñar la Doctrina Apostólica a literalmente cientos de ministros trinitarios y sus esposas. Hemos visto como Dios ha abierto repetidamente los ojos de estas personas a temas como la singularidad de Dios, el bautismo en el nombre de Jesús, la necesidad del Espíritu Santo y la separación del mundo. Ellos, a la vez, regresan a sus congregaciones y enseñan lo que han aprendido. Como resultado, han bautizado a la mayoría, si es que no a todos, los miembros de sus congregaciones. Damos toda la gloria a Dios, porque reconocemos que esta es una obra de Su Espíritu, y no los resultados de nuestros talentos, habilidades o inteligencia. Sin embargo, también reconocemos que Dios ha utilizado repetidamente nuestra presentación simple y metódica para acomodar este gran avivamiento.

El segundo evento que sucedió fue que súbitamente recibí varias invitaciones para enseñar doctrina en las iglesias apostólicas aquí en los Estados Unidos de América. Siempre que he aceptado la invitación, he hecho hincapié tanto al pastor anfitrión como a la congregación que no anticipen ninguna profundidad, ya que no trato de "profundizar" al enseñar estas verdades. Por el contrario, trato de presentar nuestro mensaje lo más simple posible, haciéndolo comprensible para prácticamente cualquier persona con una mente abierta. Lo que he visto durante estas sesiones, sinceramente me ha sorprendido. Una y otra vez, buenos santos de Dios (algunos de los cuales han, por su propio testimonio, "servido al Señor por muchos años") se me han acercado para agradecerme por ayudarlos a comprender mejor la verdad y, en algunos casos, una revelación de la verdad ¡por primera vez!

Con estos dos factores trabajando juntos, el tercer y último factor entró en juego. Mientras enseñaba en Tulsa Lighthouse Church en Tulsa, Oklahoma, el hombre al que tengo el privilegio de llamar mi Pastor, el Anciano Gary Howard, me pidió que escribiera un libro sobre nuestra doctrina. Mi amor y aprecio por el Obispo Howard es profundo. Cualquier sugerencia o petición que provenga de él tiene mucha más importancia conmigo que nadie más. Cuando mencionó la idea, supe que era definitivamente el momento, y, a los pocos días, me senté e inicié este proyecto.

Sin embargo, mientras trabajaba, pronto me sentí abrumado con la tarea que tenía en mis manos. Mi meta original parecía desalentadora: quería escribir un libro que cubriera tres áreas doctrinales (la Deidad, el Nuevo Nacimiento y la Separación). Debido a que cada uno de estos temas era tan monumental en su importancia, simplemente no podía motivarme lo suficiente como para "mantener el rumbo".

Casualmente, se me ocurrió una idea. Decidí que debía dividir cada uno de estos tres temas en libros individuales. Con este enfoque, condensaría el tema en "piezas miniatura", lo que me permitiría hacer la tarea más factible.

El libro que tiene en sus manos es el primero de lo que espero sean al menos tres volúmenes, cada uno centrado en ayudar al lector a comprender adecuadamente un aspecto particular del mensaje Apostólico. Espero que los próximos volúmenes se solidifiquen rápidamente.

Mi intención y propósito al escribir es proporcionar publicaciones que casi cualquiera pueda entender fácilmente. Yo creo que hay una necesidad genuina de presentar nuestro mensaje de una manera que permanezca fiel a "la simplicidad que es en Cristo" (2 Corintios 11:3). De hecho, creo que existe una verdadera necesidad en nuestro movimiento de producir escritos que puedan convencer a los escépticos y fortalecer a los creyentes a pesar de su nivel espiritual o educativo.

Por lo tanto, durante el transcurso de las páginas de este libro, espero presentar la doctrina de la separacion de tal manera que "los errantes, aunque fueren torpes, no se extraviarán". (Isaías 35:8). Aunque deseo ser íntegro, no tengo intención de profundizar en una interpretación detallada teológica. Más bien, quiero dejar que la Escritura interprete la Escritura y así ofrecer respuestas al "hombre común".

Aunque escribí los dos primeros libros de esta serie en respuesta directa a solicitudes de otros, este es diferente. Nunca había sentido tanta compulsión por escribir como con este tema.

Las cosas que escuche predicar cuando era joven ahora son consideradas por muchos como "anticuadas", "pasadas de moda" o "irrelevantes". He vivido lo suficiente para ver a hombres que antes hablaban con firmeza contra ciertas cosas, no solo las toleran, sino que las han acogido de todo corazón. ¡Esto me inquieta profundamente!

Mi experiencia ha sido que muchas personas han abandonado los estándares que antes apreciábamos, porque ha habido muy poca enseñanza sobre los principios detrás de esos estándares. Muy a menudo, la única explicación que se da sobre el motive de un estándar es "Obedeced a vuestros pastores, y sujetaos a ellos" (Hebreos 13:17). Si bien esto es válido, no debería ser el ÚNICO argumento.

Estoy convencido de que las personas están mucho más dispuestas a obedecer cuando entienden el porqué. Afortunadamente, las Escrituras están LLENAS de razones, y he tratado de incluir muchas de ellas en este libro.

Quiero aclarar que no tengo intención de establecer estándares de santidad precisos en áreas donde la Biblia no es específica. Aunque discutiré principios importantes y, de vez en cuando, mencionaré mis propias convicciones, cada persona debe someterse a los estándares establecidos en su asamblea local. No es mi lugar usurpar la autoridad del pastor en sus vidas. Este libro está escrito de una manera conversacional, en lugar de un estilo de escritura más formal. Aunque algunos prefieren el segundo estilo, yo estoy evitando intencionalmente ese enfoque. Mi objetivo es presentar estas verdades de tal manera que el lector pueda sentir que estamos teniendo una discusión personal, y no una cátedra.

Antes de empezar estos estudios, debo tomar un poco de tiempo para compartir un poco de mi testimonio personal. No nací en un hogar apostólico. Aunque mis padres se consideraban cristianos, no eran "practicantes" de ninguna religión en particular. Nos inculcaron una creencia en Dios, pero hasta allí llegó su enseñanza. No nos enseñaron acerca de la Biblia, ni nos llevaron a la iglesia.

A través de una serie de eventos, Dios llevó a mi familia a un lugar de desesperación. Pasamos de tener un ingreso cómodo a pobreza extrema en cuestión de meses. A la edad de 11 años, un primo me invitó a visitar una iglesia apostólica. Fui y me encantó. Vivíamos lo suficientemente cerca para poder caminar a la iglesia si era necesario, y, poco después de cumplir 12 años, me bauticé en el nombre de Jesús y fui lleno del Espíritu Santo. Ese verano, sentí el llamado de Dios a predicar. A los pocos meses de mi conversión, mis padres, hermanos y abuela también se convirtieron. Aproximadamente un año y medio después de recibir el Espíritu Santo, prediqué mi primer sermón a la edad de 13 años.

Poco después de este evento, me invitaron a asistir a un debate entre un predicador Apostólico y un predicador de otra denominación. Vi como el predicador Apostólico citaba las Escrituras y defendía el mensaje, haciéndolo sin titubear. Algo se apoderó de mi corazón, y me sentí animado con el sentimiento de que "si él puede conocer bien nuestra doctrina, yo también". Después de asistir a varios de estos debates, comencé mi exploración para adquirir conocimiento y comprensión doctrinal.

A la edad de 14 años, había compilado ocho páginas escritas a máquina explicando por qué bautizamos en el nombre de Jesús. Tres años después, en el verano entre mi tercer y último año de escuela secundaria, me invitaron a participar en un programa de radio Cristiano en Dallas, Texas, debatiendo el tema del bautismo. En un periodo de diez años después de esto, Dios me ayudó a convertir a un pastor trinitario, bautizando ¡a toda su familia y a varios de sus miembros! Actualmente, después de todos estos años, el Señor me ha bendecido siendo parte de un avivamiento de proporciones Bíblicas donde ¡cientos y cientos de personas están llegando al conocimiento de la verdad!

Sólo relato esto con el propósito de mostrar cómo la doctrina Apostólica ha sido el punto central de mi vida y ministerio por muchos años. Estoy bastante seguro de que hay personas que encontrarán que lo que escribo es elemental, y no me molesta. No pretendo producir una tesis doctoral llena de conceptos extremadamente profundos. Sólo soy un hombre con una pasión enorme por la verdad y un deseo de ayudar a los demás a comprenderla, aceptarla, creerla, obedecerla y, sobre todo, ¡amarla!

Existe una diferencia entre entender y comprender. Una persona puede tener entendimiento o conocimiento de ciertos hechos, pero no necesariamente comprender el significado de estos hechos. Por ejemplo, muchos graduados de la escuela secundaria poseen el entendimiento de la ecuación $E=mc^2$. Sin embargo, muchos de estos mismos no comprenden lo que esos símbolos realmente significan.

Mi deseo es que el contenido de este libro haga algo más que simplemente proveer un conocimiento del tema en cuestión. Espero que también les dé una comprensión completa.

Mi más sincera oración es que Dios use este corto libro para Su gloria, y que sean muchas las personas las que reciban una revelación de la verdad como resultado de haberlo leído. Aun si solo una persona se convence, se arrepiente y se convierte, habrá valido la pena mi tiempo y esfuerzo. Que Dios retorne muchos corazones a "los caminos antiguos, donde está el buen camino, y andad por él", y que al hacerlo, hallen descanso para sus almas. (Véase Jeremías 6:16)

RUDIMENTOS PRINCIPALES

Hebreos 5:12 (RVR1960)

"Porque debiendo ser ya maestros, después de tanto tiempo, tenéis necesidad de que se os vuelva a enseñar cuáles son los primeros rudimentos de las palabras de Dios; y habéis llegado a ser tales que tenéis necesidad de leche, y no de alimento sólido.

Hebreos 6:1-2

" Por tanto, dejando ya los rudimentos de la doctrina de Cristo, vamos adelante a la perfección; no echando otra vez el fundamento del arrepentimiento de obras muertas, de la fe en Dios, ² de la doctrina de bautismos, de la imposición de manos, de la resurrección de los muertos y del juicio eterno."

In En Hebreos 5:12, el autor menciona "los primeros rudimentos de las palabras de Dios". El vocablo "palabras" ("oracle" en inglés) significa expresión divina.

En Hebreos 6:1, menciona "los rudimentos de la doctrina de Cristo". "Rudimentos" es en realidad la misma palabra traducida como "primeros" en Hebreos 5:12: la palabra griega es "arche", que significa principio o comienzo, el primero de una serie.[1]

"Doctrina" en este versículo viene del griego "logos" (palabra), no de "didachē", la cual es la palabra que se utiliza típicamente; "Didachē" significa "enseñanza". "Logos" aquí

---

[1] Thayer, J., *A Greek-English Lexicon of the New Testament,* Baker Book House, 1993.

implica una expresión verbal. Por lo tanto, ambos versículos hacen referencia a las "primeras expresiones" o "primeros rudimentos" (según lo indica la versión Reina Valera 1960). Parece obvio que ciertos principios tienen prioridad: se consideran "principales" entre los demás. Siendo así, deberíamos aprender a poner más énfasis en – y prestar aún más atención a – los principios "principales". Estos son, por definición, los puntos primordiales que proporcionan un inicio para una serie de otros puntos que derivan su origen de las "primeras" cosas. Aunque los otros son importantes, su importancia se basa en la MAYOR importancia de su punto de origen.

En este capítulo inicial, quiero abordar cuatro de estos "rudimentos principales (o primeros)" Al hacerlo, espero mostrarte la importancia que Dios les ha dado y cuán importantes deben ser para nosotros. Además, al establecer la relevancia de estos principios en particular ayudará a preparar el escenario para el resto de este libro.

Primero, consideremos nuestra Doctrina Fundamental. Con eso me refiero a nuestro mensaje principal, el cual es el aspecto más esencial de la verdadera enseñanza Apostólica.

Marcos 12:29

Jesús le respondió: El primer
mandamiento de todos es: Oye, Israel; el
Señor nuestro Dios, el Señor uno es.

Según el mismo Señor Jesús, nuestra doctrina fundamental es la declaración de la Unicidad de Dios. Todo lo demás que creemos se basa en esta enseñanza.

Bautizamos en el nombre de Jesús porque hay un solo Dios — ¡si no se ha bautizado solo en este nombre, no ha sido bautizado en el nombre de Dios! Predicamos la necesidad del Espíritu Santo porque hay un solo Dios — ¡si no tiene el Espíritu Santo, no tiene a Dios! Debido a que tenemos un mensaje único de Unicidad, igualmente debemos ser unificados y distintivos en nuestro estilo de vida.

El mensaje del Dios Poderoso en Cristo es un tema de esencia para la salvación. Jesús dijo: "Porque si no creéis que yo soy, en vuestros pecados moriréis" (Juan 8:24). Por lo tanto, la declaración original fue que debemos creer que Jesús es el "Yo

Soy" — el mismo "Yo Soy" que habló con Moisés desde la zarza ardiente — ¡o morirás en tus pecados!² A continuación, consideremos nuestro Enfoque Principal. Me refiero a nuestro PRIMER objetivo como hijos de Dios.

Mateo 6:33
Mas buscad primeramente el reino de Dios y su justicia, y todas estas cosas os serán añadidas

Jesús instruyó claramente a sus seguidores a buscar el Reino de Dios y Su justicia. Sin embargo, no solo dijo que debíamos buscar esto. Dijo que debíamos buscarlo primeramente. Cualquier otra cosa que queramos alcanzar en esta vida, NADA debe tener prioridad sobre el Reino de Dios y Su justicia. ¡Cada aspecto de nuestras vidas debe estar gobernado por un deseo ardiente de promover, propagar y preservar el Reino de Dios! Dónde trabajamos, dónde vivimos, cómo usamos nuestro tiempo, cómo interactuamos con los demás y cómo respondemos a las situaciones de la vida — TODO debe hacerse con un solo enfoque: ¡el deseo de beneficiar al Reino de Dios!

Otro punto que debemos considerar es nuestra Responsabilidad Fundamental. Esta debe ser nuestra PRIMERA obligación.

1 Timoteo 2:1
Exhorto ante todo, a que se hagan rogativas, oraciones, peticiones y acciones de gracias, por todos los hombres;

Antes de hacer cualquier otra cosa, debemos iniciar cada uno de nuestros días con oración. No podemos decir que agradamos a Dios si no mantenemos una comunicación constante y consistente con Él. No podemos "caminar en el Espíritu" si no "oramos en el Espíritu". Sin importar que otra cosa hagamos PARA Dios, si no pasamos tiempo de manera regular CON Dios, ¡nuestros mejores esfuerzos serán en vano!

De esta lista de cuatro "principios principales" tres nos conciernen a nosotros; el cuarto involucra a Dios. Sin embargo,

---

² Para obtener más información sobre la Unicidad de Dios y/o salvación, consulte mis libros Comprendiendo la Unicidad y Comprendiendo el Nuevo Nacimiento, ambos disponibles en http://www.olathetruth.com/resources

en la extensión en que revela algo sobre Su naturaleza, éste también nos afecta. De hecho, ¡probablemente tiene un EFECTO MAYOR en nosotros que los otros tres principios juntos!

No tengo una escritura que use la palabra "primero" para probar que este sea un "principio principal". No obstante, es evidente por el lugar predominante que ocupa en las Escrituras, que en efecto lo es.

Antes de identificar esta "característica principal," consideremos una de las cosas que Jesús nos instruyó a incluir en nuestras oraciones. La encontramos en lo que llamamos "el Padre Nuestro".

Mateo 6:10

Venga tu reino. Hágase tu voluntad, como en el cielo, así también en la tierra.

Con base en este versículo, sabemos que todo lo que sucede en el Cielo ES la voluntad de Dios. También vemos que lo que ocurre en el Cielo es lo que Dios QUIERE que ocurra en la tierra. Manteniendo esto en mente, veamos dos ejemplos de lo que está sucediendo en el Cielo.

Isaías 6:1-3

En el año que murió el rey Uzías vi yo al Señor sentado sobre un trono alto y sublime, y sus faldas llenaban el templo. [2] Por encima de él había serafines; cada uno tenía seis alas; con dos cubrían sus rostros, con dos cubrían sus pies, y con dos volaban. [3] Y el uno al otro daba voces, diciendo: Santo, santo, santo, Jehová de los ejércitos; toda la tierra está llena de su gloria.

Apocalipsis 4:8

Y los cuatro seres vivientes tenían cada uno seis alas, y alrededor y por dentro estaban llenos de ojos; y no cesaban día y noche de decir: Santo, santo, santo es el Señor Dios Todopoderoso, el que era, el que es, y el que ha de venir.

Tanto el Antiguo como el Nuevo Testamento dan testimonio del hecho de que, en el Cielo, las criaturas angelicales proclaman uno —y solo uno—de los atributos de Dios. Sabemos que Él tiene muchos atributos: amor, verdad, fidelidad, bondad, sabiduría, omnisciencia, omnipotencia, omnipresencia y muchos más. Sin embargo, de todos Sus atributos, ¡solo UNO es proclamado sin cesar por toda la eternidad, y ese atributo es que Su santidad! La santidad, entonces, es Su característica "preeminente", "primaria" o "principal"; por encima de todo, ¡Dios es santo!

Esto no disminuye de ninguna manera los demás atributos; más bien, simplemente significa que Su santidad es el "arco" — el origen de una serie de otros atributos que se originan de ella. Aunque es cierto que Dios es misericordioso y amoroso y que no quiere que NADIE perezca, Su amor y misericordia emergen de Su santidad y, por lo tanto, están sujetas a ella.

En otras palabras, el amor de Dios lo impulsa a querer que seamos salvos, y Su misericordia lo mueve a alcanzarnos en nuestro pecado. Sin embargo, Su santidad exige que remediemos nuestro pecado para que podamos ser salvos. ¡Si no fuera por Su santidad, nos habría salvado sin ir al Calvario; fue Su santidad la que exigió que hubiera derramamiento de sangre para la remisión del pecado!

Hebreos 9:22
Y casi todo es purificado, según la ley, con sangre; y sin derramamiento de sangre no se hace remisión.

Por esta razón, tanto el Antiguo como el Nuevo Testamento repiten un mandato constante. Ambos pactos contienen el mismo requisito: ¡debemos ser santos!

Levíticos 11:44-45
Porque yo soy Jehová vuestro Dios; vosotros por tanto os santificaréis, y seréis santos, porque yo soy santo; así que no contaminéis vuestras personas con ningún animal que se arrastre sobre la tierra. [45] Porque yo soy Jehová, que os hago subir de la tierra de Egipto para ser vuestro Dios: seréis, pues, santos, porque yo soy santo.

Levítico 19:2

Habla a toda la congregación de los hijos de Israel, y diles: Santos seréis, porque santo soy yo Jehová vuestro Dios.

1 Pedro 1:15-16

Sino, como aquel que os llamó es santo, sed también vosotros santos en toda vuestra manera de vivir; 16 porque escrito está: Sed santos, porque yo soy santo.

Efesios 1:4

según nos escogió en él antes de la fundación del mundo, para que fuésemos santos y sin mancha delante de él,:

Efesios 5:27

a fin de presentársela a sí mismo, una iglesia gloriosa, que no tuviese mancha ni arruga ni cosa semejante, sino que fuese santa y sin mancha.

2 Pedro 3:11

Puesto que todas estas cosas han de ser deshechas, ¡cómo no debéis vosotros andar en santa y piadosa manera de vivir,

2 Corintios 6:17-18

Por lo cual, Salid de en medio de ellos, y apartaos, dice el Señor, Y no toquéis lo inmundo; Y yo os recibiré,[18] Y seré para vosotros por Padre, Y vosotros me seréis hijos e hijas, dice el Señor Todopoderoso.

Tito 2:11-14

Porque la gracia de Dios se ha manifestado para salvación a todos los hombres,[12] enseñándonos que, renunciando a la impiedad y a los deseos mundanos, vivamos en este siglo sobria, justa y piadosamente,[13] aguardando la esperanza bienaventurada y la manifestación gloriosa de nuestro gran Dios y Salvador Jesucristo,[14] quien se dio a sí mismo por nosotros para redimirnos de toda iniquidad y purificar para sí un pueblo propio, celoso de buenas obras.

DEBEMOS ser santos porque Dios es – ante todo – ¡un DIOS SANTO! Incluso Su poder está asociado con Su santidad (y con la proclamación y práctica de esta).

Isaías 6:3-4
Y el uno al otro daba voces, diciendo: Santo, santo, santo, Jehová de los ejércitos; toda la tierra está llena de su gloria. ⁴ Y los quiciales de las puertas se estremecieron con la voz del que clamaba, y la casa se llenó de humos.

Observe cómo "los quiciales de las puertas se estremecieron con la voz del que clamaba". Note también en lo que dijeron que provocó tal poder. Proclamaron: "¡Santo, Santo, Santo!" Y al hacerlo, empezaron a moverse cosas en la casa de Dios!

Considere al hombre Cristo Jesús. Él era descendiente de David "según la carne", pero era el Hijo de Dios "con poder, según el espíritu de santidad".

Romanos 1:3-4
Acerca de su Hijo, nuestro Señor Jesucristo, que era del linaje de David según la carne,⁴ que fue declarado Hijo de Dios con poder, según el Espíritu de santidad, por la resurrección de entre los Muertos [énfasis agregado].

Como iglesia, somos hijos de Dios (lea 1 Juan 3:1). ¡No podemos sentir el poder de Dios si no practicamos la santidad de Dios!

Él nos ama lo suficiente como para salvarnos tal como somos, pero nos ama tanto como para dejarnos así. No solo quiere salvarnos del infierno; quiere salvarnos de la impiedad, para que podamos tener verdadera comunión e intimidad con Él.

Cuando el ángel anunció Su venida a José, declaró que Cristo vendría por UNA SOLA RAZÓN. Ponga atención a cuál es esa razón.

Mateo 1:21
Y dará a luz un hijo, y llamarás su nombre JESÚS, porque él salvará a su pueblo de sus pecados.

Jesús no vino a salvarnos EN nuestro pecado
ni CON nuestro pecado. Más bien, ¡vino a
salvarnos DEL pecado!

Hay un principio que se encuentra en el libro de Amós que
debemos considerar. Aunque quizás esté familiarizado con este
versículo, tal vez nunca lo haya visto desde esta perspectiva.

Amós 3:3

¿Andarán dos juntos, si no estuvieren de acuerdo?

El Dr. Albert Barnes dice que la idea detrás de este
versículo es que "Dios no estará con usted, a menos que usted
esté de acuerdo y en sintonía con Él. No piense que Dios
anduviera con usted, a menos que usted ande con Dios".[3] En
otras palabras, si queremos caminar con Dios, tenemos que estar
en harmonía con Él. Las doctrinas que Dios considera
"principales" ¡deben también serlo para nosotros! La
característica "principal" de la naturaleza de Dios ¡debe también
convertirse en parte de la nuestra! Hasta que no vivamos en
adhesión con la santidad de Dios, ¡nunca podremos
verdaderamente "caminar junto" a Él!

Al cerrar este capítulo, permíteme resumir los cuatro
principios que deben tener preeminencia al gobernar tanto
nuestras creencias como nuestro comportamiento. Para empezar,
nuestra Doctrina Principal (nuestro MENSAJE PRINCIPAL) es
la declaración de la Unicidad de Dios. Nuestro Enfoque
Principal (nuestro OBJETIVO PRINCIPAL) es promover,
propagar y preservar el Reino de Dios. Nuestra Responsabilidad
Principal (nuestra OBLIGACIÓN PRINCIPAL) es la oración y
la súplica. Por último, pero ciertamente no menos importante,
el Atributo Principal de Dios (Su CARACTERÍSTICA
PRIMORDIAL) es Su santidad.

Es interesante notar que la Biblia asocia cada uno de los tres
principios principales con el último. Dios es "el Santo" (Job
6:10; Isaías 40:25, 49:7; Habacuc 1:12; 1 Juan 2:20). Su Reino
está asociado con Su justicia (Mateo 6:33; Romanos 14:17;
Hebreos 1:8) y Su santidad (Salmos 89:18; Isaías 43:15).

---

[3] Barnes, A., J. G. Murphy, F. C. Cook, E. B. Pusey, H.C. Leupold, & R.
Frew, *Barnes' Notes*. Blackie & Son, 1847.

Debemos presentar nuestras oraciones con "manos santas" (1 Timoteo 2:8) y edificar nuestra "santísima fe" (Judas 1:20). Este es el motivo por el cual he sentido tal obligación y urgencia por escribir este libro. A medida que más y más personas (incluso iglesias y organizaciones enteras) abandonan la santidad, hay una necesidad desesperada de que el pueblo de Dios entienda POR QUÉ debemos ser santos. La santidad es el Atributo Principal de Dios mismo. No malinterprete: tal vez pueda tener una apariencia santa y no tener a Dios, ¡pero NO PUEDE tener a Dios y no ser santo! Abandonar la santidad es abandonar a Dios. Abrazar a Dios es abrazar la santidad.

Que Dios despierte en cada uno de nosotros un profundo deseo de ser santos como Él es santo. Una cosa es cierta: el Señor ha prometido que aquellos que "tienen hambre y sed de justicia" ¡serán saciados (Mateo 5:6)!

TRANSFORMADOS, NO CONFORMADOS

Romanos 7:15-25

Porque lo que hago, no lo entiendo; pues no hago lo que quiero, sino lo que aborrezco, eso hago. [16] Y si lo que no quiero, esto hago, apruebo que la ley es buena.[17] De manera que ya no soy yo quien hace aquello, sino el pecado que mora en mí. [18] Y yo sé que en mí, esto es, en mi carne, no mora el bien; porque el querer el bien está en mí, pero no el hacerlo. [19] Porque no hago el bien que quiero, sino el mal que no quiero, eso hago. [20] Y si hago lo que no quiero, ya no lo hago yo, sino el pecado que mora en mí. [21] Así que, queriendo yo hacer el bien, hallo esta ley: que el mal está en mí. [22] Porque según el hombre interior, me deleito en la ley de Dios; [23] pero veo otra ley en mis miembros, que se rebela contra la ley de mi mente, y que me lleva cautivo a la ley del pecado que está en mis miembros. [24] ¡Miserable de mí! ¿quién me librará de este cuerpo de muerte? [25] Gracias doy a Dios, por Jesucristo Señor nuestro. Así que, yo mismo con la mente sirvo a la ley de Dios, mas con la carne a la ley del pecado.[4]

Es innegable que existe una batalla constante entre la carne y el espíritu. El apóstol Pablo describe esta lucha en el pasaje citado a.

Observe cómo Pablo menciona "la ley del pecado".
Debemos reconocer que esto es más que un simple "problema".

---

[4] *Biblia Reina-Valera 1960 (RV1960) Sociedades Bíblicas en América Latina 1960. Renovado Sociedades Bíblicas Unidas 1988*

La atracción del pecado en nuestras vidas es el resultado de una ley.

Para explicarlo mejor, considere la "ley" de la gravedad: nos afecta a todos y no hay forma de escapar de ella. La única manera de vencer esta ley es mediante una ley superior: la ley de la aerodinámica. Sin embargo, la ley de la gravedad sigue estando presente. Por ejemplo, si el motor de un avión se detiene, la gravedad retoma inmediatamente el control.

Lo mismo sucede con la "ley" del pecado en nuestras vidas. Hay una atracción constante sobre nuestra carne para hacer aquellas cosas que desagradan a Dios. No podemos escapar de la ley del pecado excepto por el poder de una ley superior: la "ley del Espíritu de vida en Cristo Jesús" (Romanos 8:2).

En el capítulo ocho, Pablo nos informa además que ceder a la carne (es decir, no vencer la ley del pecado) tiene consecuencias graves: terminará, finalmente, en la muerte.

Romanos 8:6-7

Porque el ocuparse de la carne es muerte, pero el ocuparse del Espíritu es vida y paz.7 Por cuanto los designios de la carne son enemistad contra Dios; porque no se sujetan a la ley de Dios, ni tampoco pueden.

Dado que un desenlace tan terrible está asegurado, es vital que tomemos las medidas adecuadas para evitarlo. Esta es la razón por la cual el apóstol Pablo ordenó claramente que "no os conforméis a este siglo".

Romanos 12:2

No os conforméis a este siglo, sino transformaos por medio de la renovación de vuestro entendimiento, para que comprobéis cuál sea la buena voluntad de Dios, agradable y perfecta.

La palabra "conforméis" proviene de un término compuesto derivado del latín "conformare", que significa "ajustar" o "dar forma". Aunque no tiene origen griego, el concepto de "forma" sí tiene raíces en la lengua griega, especialmente en palabras como "morphē" (μορφή), que significa forma o figura. La palabra griega "susjematidzo" (μορφή), significa moldear, y se relaciona con la idea de dar forma o ajustar algo".

Por lo tanto, cuando Pablo dijo: "No os conforméis a este mundo," lo que realmente estaba diciendo era: "¡No traten de ajustarse a las normas de este mundo! Por eso debemos "presentar nuestros CUERPOS en sacrificio VIVO, SANTO, AGRADABLE A DIOS" (ver Romanos 12:1). Debemos tomar la firme decisión de NO "conformarnos" a este mundo, sino de ser separados y distintos.

> ***2 Corintios 6:17-18***
> *Por lo cual, Salid de en medio de ellos, y apartaos, dice el Señor, Y no toquéis lo inmundo; Y yo os recibiré,[18] Y seré para vosotros por Padre, Y vosotros me seréis hijos e hijas, dice el Señor Todopoderoso.*

Sin embargo, Pablo no se detuvo con el mandato negativo, diciéndonos solamente lo que NO debemos hacer. También nos dijo lo que SÍ debemos hacer.

> ***Romanos 12:2***
> *No os conforméis a este siglo, sino transformaos por medio de la renovación de vuestro entendimiento, para que comprobéis cuál sea la buena voluntad de Dios, agradable y perfecta.*

No debemos "conformarnos" a este mundo. ¡Más bien, debemos ser "transformados" por el Espíritu!

Aunque la palabra "transformar", en español tiene una trayectoria latina, su significado profundo se conecta con las raíces griega "meta" y "morfe", que representan el cambio de forma y la transformación. Una metamorfosis es "un cambio completo de forma, estructura o sustancia".[5] Un ejemplo de esto sería el cambio que experimenta un renacuajo acuático al convertirse en una rana que respira aire. Otro ejemplo es el cambio drástico que permite que una oruga se convierta en mariposa.

---

[5] Metamorphosis." Dictionary.com,
www.dictionary.com/browse/metamorphosis.

Ser transformado significa experimentar una metamorfosis espiritual. Requiere un cambio total y completo.

El cambio en la vida del cristiano hace que muchas veces se encuentre en conflicto con el mundo que lo rodea. Debido a esto, puede enfrentar una verdadera batalla espiritual que no puede entender ni explicar completamente.

Como hijos de Dios, debemos reconocer que enfrentamos tres entidades poderosas que buscan destruir nuestras almas: la carne, satanás y el mundo. Cuando se permite que cualquiera de estas fuerzas entre a nuestras vidas, enfrentaremos una derrota inevitable. Únicamente si crucificamos nuestra carne, vencemos al enemigo, y al separarnos del mundo podremos esperar vivir una vida espiritualmente victoriosa.

Debemos notar que estas fuerzas trabajan juntamente con el propósito de hacernos caer. La carne se siente naturalmente atraída por las cosas de este mundo. El mundo está bajo el control del poder del diablo, a quien Pablo llamó "el dios de este siglo" (2 Corintios 4:4). Por lo tanto, la manera de evitar la influencia del mundo y satanás, es crucificando la naturaleza carnal del cuerpo.

Santiago 4:7-10

Someteos, pues, a Dios; resistid al diablo, y huirá de vosotros. [8] Acercaos a Dios, y él se acercará a vosotros. Pecadores, limpiad las manos; y vosotros los de doble ánimo, purificad vuestros corazones. [9] Afligíos, y lamentad, y llorad. Vuestra risa se convierta en lloro, y vuestro gozo en tristeza. [10] Humillaos delante del Señor, y él os exaltará.

El mundo no tiene atracción para aquellos que están muertos al pecado. Solo cuando somos crucificados con Cristo podemos tener la esperanza de ser libres de las marañas del pecado.

Romanos 6:1-2

¿Qué, pues, diremos? ¿Perseveraremos en el pecado para que la gracia abunde? 2 En ninguna manera. Porque los que hemos muerto al pecado, ¿cómo viviremos aún en él?

Gálatas 6:14
Pero lejos esté de mí gloriarme, sino en la
cruz de nuestro Señor Jesucristo, por quien el
mundo me es crucificado a mí, y yo al mundo.
Gálatas 2:20
Con Cristo estoy juntamente crucificado, y ya
no vivo yo, mas vive Cristo en mí; y lo que
ahora vivo en la carne, lo vivo en la fe del Hijo
de Dios, el cual me amó y se entregó a sí mismo
por mí.

Cuando crucificamos nuestra carne, estamos destruyendo el atractivo de este mundo. Comenzamos a amar lo que Dios ama y a odiar lo que Dios odia.

Esto nos lleva a un contraste interesante que podemos encontrar en la Palabra de Dios. A primera vista, casi parece ser una contradicción. Sin embargo, realizando un examen más profundo demuestra que no es así.

En su evangelio, Juan escribió con frecuencia acerca del amor de Dios. En lo que posiblemente sea el versículo más conocido de su evangelio (al menos entre muchas denominaciones), el apóstol hizo una declaración notable respecto a ese amor.

Juan 3:16
Porque de tal manera amó Dios al mundo,
que ha dado a su Hijo unigénito, para que todo
aquel que en él cree, no se pierda, mas tenga
vida eterna

Aquí, Juan afirmó que Dios amó al mundo. Sin embargo, al escribir su epístola, dio instrucciones al pueblo de Dios que pueden parecer contrarias a lo que dijo en su evangelio.

1 Juan 2:15
No améis al mundo, ni las cosas que están en
el mundo. Si alguno ama al mundo, el amor del
Padre no está en él.

La manera de reconciliar estos dos versículos es, ante todo, notar que el amor de Dios por el mundo fue tal que lo llevó a DAR. Lo que Juan NOS advierte es acerca de amar las "cosas que están en el mundo". En otras palabras, nos está diciendo que no amemos al mundo por lo que podamos DISFRUTAR de este.

Esto se confirma al leer el versículo que sigue a 1 Juan 2:15. Allí, Juan nos da una definición del "mundo" del que estaba escribiendo.

1 Juan 2:16

Porque todo lo que hay en el mundo, los deseos de la carne, los deseos de los ojos, y la vanagloria de la vida, no proviene del Padre, sino del mundo.

Juan 3:16 declara que el amor de Dios por el mundo implicaba amar lo suficiente a las personas en el mundo como para DARLES redención. 1 Juan 2:15–16 muestra que los hijos de Dios deben evitar el tipo de amor por el mundo que implica amar las cosas del mundo. Ese tipo de amor se basa en el deseo de la carne, el deseo de los ojos y la vanagloria de la vida. Ese es el tipo de "amor al mundo" que está prohibido entre el pueblo de Dios.

Al analizar 1 Juan 2:16, consideremos las tres cosas que Juan identificó como elementos mundanos. Primero, habló del deseo de la carne, que son simplemente los deseos carnales de nuestro cuerpo de hacer cosas que no agradan a Dios. Luego mencionó el deseo de los ojos, que puede definirse como el uso de nuestro sentido de la vista para satisfacer nuestros impulsos carnales. En otras palabras, se trata de tentaciones pecaminosas que resultan por lo que vemos.

El último punto que Juan menciona en este versículo requiere poca explicación, pero bien podría ser la más peligrosa: la vanagloria de la vida. A menudo puede apoderarse de nosotros sin que siquiera nos demos cuenta. Se manifiesta de maneras que a veces fallamos en reconocerlo. Por ejemplo, el rechazar admitir una falta suele ser resultado del orgullo. La falta de disposición para pedir perdón o intentar reconciliarse con un hermano o hermana distanciados, generalmente se debe al orgullo. La terquedad y la rebeldía casi siempre (si no siempre) son manifestaciones de la soberbia de la vida.

Satanás utilizó estas tres fuentes del mal a lo largo de las Escrituras. Encontramos dos ejemplos: la tentación de Eva en el Jardín del Edén, y la tentación de Cristo en el desierto.

Genesis 3:6

Y vio la mujer que el árbol era bueno para comer, y que era agradable a los ojos, y árbol codiciable para alcanzar la sabiduría; y tomó de su fruto, y comió; y dio también a su marido, el cual comió así como ella.

En la tentación de Eva, el enemigo apeló a la concupiscencia de su carne al mostrarle que el fruto prohibido era "bueno para comer". Se utilizo el deseo de los ojos, ya que la Biblia dice que era "agradable a los ojos". La vanagloria de la vida entró en juego cuando Eva se dio cuenta de que el fruto era "deseable para alcanzar sabiduría".

Lucas 4:3-10

Entonces el diablo le dijo: Si eres Hijo de Dios, di a esta piedra que se convierta en pan. ⁴ *Jesús, respondiéndole, dijo: Escrito está: No solo de pan vivirá el hombre, sino de toda palabra de Dios.* ⁵ *Y le llevó el diablo a un alto monte, y le mostró en un momento todos los reinos de la tierra.* ⁶ *Y le dijo el diablo: A ti te daré toda esta potestad, y la gloria de ellos; porque a mí me ha sido entregada, y a quien quiero la doy.* ⁷ *Si tú postrado me adorares, todos serán tuyos.* ⁸ *Respondiendo Jesús, le dijo: Vete de mí, Satanás, porque escrito está: Al Señor tu Dios adorarás, y a él sólo servirás.* ⁹ *Y le llevó a Jerusalén, y le puso sobre el pináculo del templo, y le dijo: Si eres Hijo de Dios, échate de aquí abajo;* ¹⁰ *porque escrito está: A sus ángeles mandará acerca de ti, que te guarden;*

Vemos en acción estas mismas tres influencias durante la tentación de Cristo. Cuando el diablo intentó que el Señor convirtiera las piedras en pan al terminar su ayuno, estaba apelando al deseo de la carne. Luego, le ofreció los reinos de este mundo llevando a Cristo a un lugar alto y mostrándole estos reinos, haciendo así una atracción a través del deseo de la vista. En su intento final, el diablo le dijo al Señor que se arrojara desde lo alto para que los ángeles vinieran a sostenerlo. Esto, sin duda, habría atraído mucha atención hacia el hombre Cristo Jesús, lo cual indica que Satanás estaba intentando usar la vanagloria de la vida.

Así como lo hizo con Eva y con Jesús, el diablo utiliza estas mismas tácticas para hacer que el mundo resulte más atractivo para los cristianos. Desde la creación del hombre, hasta la venida del Salvador, y hasta el tiempo presente, los métodos del enemigo no han cambiado. Por eso Pablo dijo: "No ignoramos sus maquinaciones" (2 Corintios 2:11). Es nuestra responsabilidad resistir al enemigo y rechazar lo que el mundo y la carne nos ofrecen.

La iglesia debe mantener siempre una línea clara de distinción entre ella y el mundo. ¡Nunca podrá haber comunión entre la luz y las tinieblas! Simplemente no son compatibles.

2 Corintios 6:14

No os unáis en yugo desigual con los incrédulos; porque ¿qué compañerismo tiene la justicia con la injusticia? ¿Y qué comunión la luz con las tinieblas?

Si enciende una luz, la oscuridad TIENE que desaparecer. ¡Esa es la función de la iglesia: ¡ser una luz que disipe la oscuridad del mundo!

2 Corintios 6:17-18

Por lo cual, Salid de en medio de ellos, y apartaos, dice el Señor, Y no toquéis lo inmundo; Y yo os recibiré,[18] Y seré para vosotros por Padre, Y vosotros me seréis hijos e hijas, dice el Señor Todopoderoso.

La iglesia de hoy necesita una nueva revelación de que la promesa de llegar a ser hijos e hijas de Dios está completamente condicionada a una separación total del mundo. Si como pueblo de Dios alguna vez planeamos ser sacado de este mundo, ¡primero debemos permitir que Dios retire el mundo de nosotros!

La separación del mundo trae victoria, poder y el gozo del Señor. El cristiano que mantiene una separación completa del mundo posee un testimonio genuino que impacta a todos los que lo conocen.

No hay duda de que la separación del mundo conlleva un poder especialmente asignado por el Señor. Pablo afirmó este hecho cuando escribió a Timoteo sobre aquellos que "niegan la eficacia" de la piedad (ver 2 Timoteo 3:5). Es imposible agradar a Dios mientras tratamos de aferrarnos a las cosas de este mundo. De hecho, francamente, es deshonesto decir que vivimos "para Dios" mientras al mismo tiempo vivimos para agradar a nuestra carne. Debemos decidir si vamos a servirnos a nosotros mismos o servir a nuestro Creador.

2 Timoteo 2:4
Ninguno que milita se enreda en los negocios de la vida, a fin de agradar a aquel que lo tomó por soldado.

Una persona que está con un pie en Dios y otro en el mundo no sobrevivirá espiritualmente. Dios está tratando de guiarnos al Cielo. El mundo, el diablo y nuestra carne están tratando de arrastrarnos al Infierno. Simplemente no es posible ir en ambas direcciones al mismo tiempo.

Mateo 6:24
Ninguno puede servir a dos señores; porque o aborrecerá al uno y amará al otro, o estimará al uno y menospreciará al otro. No podéis servir a Dios y a las riquezas.

Gálatas 4:3
Así también nosotros, cuando éramos niños, estábamos en esclavitud bajo los rudimentos del mundo.

Gálatas 4:9
Mas ahora, conociendo a Dios, o más bien, siendo conocidos por Dios, ¿cómo es que os volvéis de nuevo a los débiles y pobres rudimentos, a los cuales os queréis volver a esclavizar?

Se cuenta la historia que hace muchos años, un vaquero que había sido alcohólico finalmente obtuvo la salvación de ese estilo de vida. Sin embargo, continuaba luchando con el deseo de beber licor y le costaba mantenerse sobrio. Resultó que parte de su problema era que, cada vez que iba al pueblo, detenía su caballo frente a la cantina y lo amarraba a un poste ubicado allí.

Cansado y frustrado por no poder dominar la tentación, finalmente consultó con su pastor. No pasó mucho tiempo antes de que el predicador le respondiera simplemente: "Cambia de poste". Una vez que el vaquero siguió el consejo y empezó a amarrar a su caballo al extremo opuesto de la calle, se dio cuenta de inmediato de que ya no sentía el tirón hacia la cantina cada vez que desmontaba.

La moraleja de esta historia debería ser clara: no podemos esperar que Dios nos libere si nosotros mismos nos negamos a hacer los cambios necesarios. Pablo dijo "no proveer para los deseos de la carne" (Romanos 13:14). Solo una separación completa del mundo puede asegurarnos la victoria.

Vivir cerca del mundo es muy peligroso. Cuando un cristiano vive en estrecho contacto con el mundo, sus atractivos pueden fácilmente dominarlo. Puede verse arrastrado hacia las arenas movedizas de los deseos inicuos. Los deseos de la carne y de los ojos pueden llegar a ser demasiado fuertes para un creyente débil, y éste puede ser arrastrado de nuevo a una vida de pecado. De la misma manera que no se puede jugar con fuego sin quemarse, tampoco podemos coquetear con las cosas que alimentan la carne sin ser vencido por el pecado.

La ley física de la gravedad afirma que dos objetos se atraen con una fuerza inversamente proporcional al producto de sus masas e inversamente proporcional al cuadrado de la distancia entre ellas. En otras palabras, cuanto más cerca están dos objetos, mayor es la atracción.

Esto también es cierto en lo espiritual: Cuanto más cerca vive una persona en el mundo, más se siente atraída por él y más fuerte es la atracción que experimenta. Nuestra obligación es entrar en una órbita espiritual más allá del alcance del mundo.

Hace muchos años, leí sobre un hombre que publicó un anuncio buscando a alguien que sirviera como chofer para su esposa y su familia. Muchos aspirantes deseaban el puesto, y todos fueron evaluados de la misma manera.

No muy lejos de donde vivía el hombre, el camino se estrechaba a lo largo de un acantilado empinado. A cada conductor se le indicó que manejara lo más cerca posible del borde del acantilado sin derrumbarse. Cada solicitante aceptó el reto con osadía, conduciendo cada vez más cerca del borde.

Finalmente, un joven ocupó el asiento del conductor y tomó el lado opuesto del camino, lo más lejos posible de la orilla del precipicio. El trabajo se le dio al joven. Como vera, el empleador iba a confiar la vida de su esposa e hijos en manos de quien contratara. Por eso, no le interesaba cuán cerca del peligro podía conducir un aspirante, sino cuán lejos podía mantenerse de él.

Así es como debemos vivir como cristianos. La verdadera seguridad consiste en poner la mayor distancia posible entre nosotros y la tentación. Cuanto más lejos estemos DEL mundo, menos atracción sentiremos HACIA él.

En los párrafos iniciales de este capítulo, examinamos el mandato de Pablo de que "no os conforméis," sino que seamos "transformados". También discutimos cómo la palabra "transformados" en este versículo implica un cambio total y completo de naturaleza.

Consideremos una vez más el versículo en cuestión.

Romanos 12:2

No os conforméis a este siglo, sino transformaos por medio de la renovación de vuestro entendimiento, para que comprobéis cuál sea la buena voluntad de Dios, agradable y perfecta.

La palabra "transformar" en griego es *metamorphoō*. Otra palabra griega muy similar es *metaschēmatizō*, la cual se traduce como "disfrazar' en 2 Corintios 11:13-15.

2 Corintios 11:13-15

Porque estos son falsos apóstoles, obreros fraudulentos, que se disfrazan como apóstoles de Cristo.[14] Y no es maravilla, porque el mismo Satanás se disfraza como ángel de luz. [15] Así que, no es extraño si también sus ministros se disfrazan como ministros de justicia; cuyo fin será conforme a sus obras.

Cabe destacar, sin embargo, que la palabra griega traducida como "transformados" en Romanos 12:2 y la palabra griega traducida como "transformados" en 2 Corintios 11:14–15 (y "transformando" en el versículo 13) NO son la misma palabra.

Estos dos pasajes usan palabras muy diferentes, con significados también muy distintos.

Mientras que Romanos 12:2 usa la palabra griega *metamorphoō*, 2 Corintios 11:13–15 usa la palabra griega *metaschēmatizō*. Aunque ambas palabras implican un tipo de cambio (y ambas han sido traducidas como "cambio" en otros versículos), el TIPO de cambio indicado por estas palabras es, en realidad, muy diferente.

Como ya mencioné, *metamorphoō* es la palabra de la cual obtenemos "metamorfosis" – una transformación completa en la forma, estructura y sustancia de un organismo o forma de vida, como cuando un renacuajo se convierte en rana o una oruga se convierte en mariposa. *Metaschēmatizō*, en cambio (como se usa en el pasaje de 2 Corintios), significa "disfrazarse". En otras palabras, aunque aparentemente ha habido un cambio, solo es exterior – no es más que un cambio en la apariencia, pero NO en la naturaleza.

En 2 Corintios 11:13–15, el tema en cuestión son los falsos maestros que "se transforman" en algo que no son. El propósito de esta "transformación" es engañar a los demás. Es revelador que esta transformación sea algo que ellos hacen por sí mismos.

En Romanos 12, en cambio, el mandato es que "seáis transformados" – no que nos transformemos por nosotros mismos. La verdadera transformación no es algo que logremos por cuenta propia. Muchos apostólicos intentan "transformarse" simplemente adhiriéndose a una norma u obedeciendo un mandato. No me malinterprete: esas cosas son necesarias. Sin embargo, debe ir más allá de una simple adhesión u obediencia externa.

Pudiéramos adherirle patas a un renacuajo y cortarle la cola — pero eso no lo convertirá en rana. Seguirá siendo acuático; seguirá respirando por branquias y necesitará el agua para vivir. También puedes engomarle alas a una oruga, pero eso no le dará la capacidad de volar. Pudiera parecer una mariposa, pero no ha experimentado una metamorfosis. Así sucede con los creyentes que simplemente intentan "parecer" santos.

Según las Escrituras, la obediencia es mejor que el sacrificio (ver 1 Samuel 15:22). Sin embargo, la obediencia por sí sola no funcionará a largo plazo. En algún momento, todo hijo de Dios debe experimentar una verdadera transformación, ¡la cual solo puede ser realizada por el poder del Espíritu! El OTRO tipo de transformación requiere más que un cambio en la apariencia. Requiere más que simplemente conformarse.

Romanos 12:2
> *No os conforméis a este siglo, sino*
> *transformaos por medio de la renovación de*
> *vuestro entendimiento, para que comprobéis*
> *cuál sea la buena voluntad de Dios, agradable y*
> *perfecta.*

La transformación genuina comienza con la renovación de la mente. La palabra "renovación" literalmente significa una "alteración completa" o "reforma". Su mente debe reconstruirse completamente hasta el punto en que sea capaz de pensar de tal manera que busque agradar a Dios. La versión *New International Reader* lo expresa así: "Dejen que su forma de pensar cambie por completo".[6]

Anteriormente, en el Libro de Romanos, Pablo había emitido una advertencia seria. Informó a sus lectores que si NO permitimos que nuestra mente sea renovada conducirá inevitablemente a la muerte espiritual.

Romanos 8:6-7
> *Porque el ocuparse de la carne es muerte,*
> *pero el ocuparse del Espíritu es vida y paz.*
> *7 Por cuanto los designios de la carne son*
> *enemistad contra Dios; porque no se sujetan a*
> *la ley de Dios, ni tampoco pueden.*

Para entender los versos 6 y 7, debemos leer el contexto en los cuales fueron escritos. Esto nos ayudara a comprender el significado de esforzarnos por obtener una mente espiritual.

Romanos 8:1-9
> *Ahora, pues, ninguna condenación hay para los*
> *que están en Cristo Jesús, los que no andan*
> *conforme a la carne, sino conforme al*
> *Espíritu. ² Porque la ley del Espíritu de vida en*
> *Cristo Jesús me ha librado de la ley del pecado y*

---

[6] *The Holy Bible: New International Reader's Version,* Zondervan, 2016.

de la muerte. ³ Porque lo que era imposible para la ley, por cuanto era débil por la carne, Dios, enviando a su Hijo en semejanza de carne de pecado y a causa del pecado, condenó al pecado en la carne;⁴ para que la justicia de   la ley se cumpliese en nosotros, que no andamos conforme a la carne, sino conforme al Espíritu. ⁵ Porque los que son de la carne piensan en las cosas de la carne; pero los que son del Espíritu, en las cosas del Espíritu. ⁶ Porque el ocuparse de la carne es muerte, pero el ocuparse del Espíritu es vida y paz. ⁷ Por cuanto los designios de la carne son enemistad contra Dios; porque no se sujetan a la ley de Dios, ni tampoco pueden; ⁸ y los que viven según la carne no pueden agradar a Dios.⁹ Mas vosotros no vivís según la carne, sino según el Espíritu, si es que el Espíritu de Dios mora en vosotros. Y si alguno no tiene el Espíritu de Cristo, no es de él.

La manera en que "transformamos" nuestra mente de una mente carnal a una mente espiritual requiere que aprendamos a dejar de andar conforme a nuestra carne y empecemos a andar conforme a la voluntad del Espíritu. A medida que aprendemos a hacer esto, nuestras mentes van siendo transformadas de la mente carnal a la mente de Cristo. ¡Todo esto depende de estar —y permanecer— llenos del Espíritu!

APARTÁOS

2 Corintios 6:14-18

No os unáis en yugo desigual con los incrédulos; porque ¿qué compañerismo tiene la justicia con la injusticia? ¿Y qué comunión la luz con las tinieblas? ¹⁵ *¿Y qué concordia Cristo con Belial? ¿O qué parte el creyente con el incrédulo?* ¹⁶ *¿Y qué acuerdo hay entre el templo de Dios y los ídolos? Porque vosotros sois el templo del Dios viviente, como Dios dijo: Habitaré y andaré entre ellos, Y seré su Dios, Y ellos serán mi pueblo.* ¹⁷ *Por lo cual, Salid de en medio de ellos, y apartaos, dice el Señor, Y no toquéis lo inmundo; Y yo os recibiré,* ¹⁸ *Y seré para vosotros por Padre, Y vosotros me seréis hijos e hijas, dice el Señor Todopoderoso.*

Las Escrituras son claras en que, desde el principio, Dios ha deseado que Su pueblo sea diferente a los demás. Noé halló gracia porque era diferente de todos los demás.

Genesis 6:5-9

Y vio Jehová que la maldad de los hombres era mucha en la tierra, y que todo designio de los pensamientos del corazón de ellos era de continuo solamente el mal. ⁶ *Y se arrepintió Jehová de haber hecho hombre en la tierra, y le dolió en su corazón.* ⁷ *Y dijo Jehová: Raeré de sobre la faz de la tierra a los hombres que he creado, desde el hombre hasta la bestia, y hasta el reptil y las aves del cielo; pues me arrepiento de haberlos hecho.* ⁸ *Pero Noé halló gracia ante los ojos de Jehová.* ⁹ *Estas son las generaciones*

de Noé: Noé, varón justo, era perfecto en sus
generaciones; con Dios caminó Noé.

Dios eligió a Noé y le extendió gracia porque él "caminó con Dios". De hecho, Pedro se refirió a Noé como "pregonero de justicia" (2 Pedro 2:5). Noé vivió una vida separada del resto del mundo, y Dios lo bendijo en consecuencia.

Cuando Dios trató con Abraham, Su primer mandamiento fue que Abraham se separara de todos los demás. En este caso, esto incluso incluía a su propia familia.

Genesis 12:1-3

Pero Jehová había dicho a Abram: Vete de tu
tierra y de tu parentela, y de la casa de tu padre,
a la tierra que te mostraré. ² Y haré de ti una
nación grande, y te bendeciré, y engrandeceré tu
nombre, y serás bendición. ³ Bendeciré a los que
te bendijeren, y a los que te maldijeren
maldeciré; y serán benditas en ti todas las
familias de la tierra.

Dios mandó reiteradamente a Israel que fuera diferente. Solo unos cuantos ejemplos bíblicos deberían ser suficientes.

Levíticos 20:7

Santificaos, pues, y sed santos, porque yo
Jehová soy vuestro Dios.

Deuteronomio 26:18-19

Y Jehová ha declarado hoy que tú eres pueblo
suyo, de su exclusiva posesión, como te lo ha
prometido, para que guardes todos sus
mandamientos; ¹⁹ a fin de exaltarte sobre todas
las naciones que hizo, para loor y fama y gloria,
y para que seas un pueblo santo a Jehová tu
Dios, como él ha dicho.

Esto no solo fue necesario durante el período del Antiguo Testamento. La iglesia del Nuevo Testamento estaba, indudablemente, bajo el mismo mandamiento de separación.

1 Pedro 1:15-16

Sino, como aquel que os llamó es santo, sed también
vosotros santos en toda vuestra manera de vivir;¹⁶
porque escrito está: Sed santos, porque yo soy   santo.

2 Corintios 6:17-18
Por lo cual, Salid de en medio de ellos, y apartaos,
dice el Señor, Y no toquéis lo inmundo;
Y yo os recibiré, ¹⁸ Y seré para vosotros por Padre,
Y vosotros me seréis hijos e hijas, dice el Señor
Todopoderoso.
Hebreos 12:14
Seguid la paz con todos, y la santidad, sin la cual
nadie verá al Señor.
Tito 2:11-13
Porque la gracia de Dios se ha manifestado para
salvación a todos los hombres,¹² enseñándonos que,
renunciando a la impiedad y a los deseos mundanos,
vivamos en este siglo sobria, justa y piadosamente,¹³
aguardando la esperanza bienaventurada y la
manifestación gloriosa de nuestro gran Dios y
Salvador Jesucristo.

La separación no es solamente una forma de pensar.
Aunque algunos dirían que Dios solo espera que "pensemos" de manera diferente al mundo, la Escritura enseña algo diferente. Nuestras acciones externas, nuestro estilo de vida e incluso nuestra apariencia son una parte importante del tipo de separación que Dios requiere.

Sin embargo, antes de profundizar en esto, permítame enfatizar el hecho de que la apariencia externa por SÍ SOLA NO es suficiente. También debemos asegurarnos de que nuestro ser interior esté santificado para Dios.

Mateo 23:25-27
Ay de vosotros, escribas y fariseos, hipócritas! porque
limpiáis lo de fuera del vaso y del plato, pero por dentro
estáis llenos de robo y de injusticia. ²⁶ ¡Fariseo ciego!
Limpia primero lo de dentro del vaso y del plato, para
que también lo de fuera sea limpio.²⁷ ¡Ay de vosotros,
escribas y fariseos, hipócritas! porque sois semejantes a
sepulcros blanqueados, que por fuera, a la verdad, se
muestran hermosos, mas por dentro están llenos de
huesos de muertos y de toda inmundicia.

Jesús no dijo que limpiáramos solo el interior y no nos preocupáramos por el exterior. Más bien, Él dijo que el PROPÓSITO de limpiar el interior era PARA QUE el exterior también quede limpio. Debemos reconocer que la limpieza interior no está completa sin un cambio exterior. ¡Ambos son esenciales!

1 Corintios 6:19-20

¿O ignoráis que vuestro cuerpo es templo del Espíritu Santo, el cual está en vosotros, el cual tenéis de Dios, y que no sois vuestros? [20] Porque habéis sido comprados por precio; glorificad, pues, a Dios en vuestro cuerpo y en vuestro espíritu, los cuales son de Dios.

El mandato claro es glorificar a Dios "en vuestro espíritu" (el interior) Y "en vuestro cuerpo" (el exterior). De hecho, la limpieza de ambos es descrita por Pablo como santidad perfecta. Él enfatizó esto en su segunda carta a los Corintios.

2 Corintios 7:1

Así que, amados, puesto que tenemos tales promesas, limpiémonos de toda contaminación de carne y de espíritu, perfeccionando la santidad en el temor de Dios.

Sostengo que un aspecto característico de la verdadera predicación y enseñanza apostólica consistirá en dedicar MUCHO más tiempo a tratar los asuntos internos que a la apariencia externa. Sin embargo, no podemos descuidar la apariencia externa, como se demostrará durante el transcurso de este libro.

A pesar de lo que muchos grupos cristianos proponen hoy en día, la apariencia externa SÍ le importa a Dios. Aunque a menudo citan las palabras de Dios al profeta Samuel como prueba de su "libertad" para vestirse como les agrade, un examen cuidadoso del versículo en cuestión muestra claramente que no es así.

1 Samuel 16:7

Y Jehová respondió a Samuel: No mires a su parecer, ni a lo grande de su estatura, porque yo lo desecho; porque Jehová no mira lo que mira el hombre; pues el hombre mira lo que está delante de sus ojos, pero Jehová mira el corazón.

Al interpretar cualquier pasaje de la Escritura, siempre se debe considerar el contexto. El contexto de este versículo muestra que se trata de la elección de un rey y no tiene nada que ver con la santidad exterior. Note cómo Dios habla del "parecer" del hombre y de lo "grande de su estatura". ¡En ningún momento Dios menciona la ropa!

En este punto de la historia, Israel solo había conocido un rey: el rey Saúl, de quien se decía que "de sus hombros para arriba sobrepasaba a cualquiera del pueblo" (1 Samuel 9:2). Por lo tanto, al tratar de descubrir quién sería el sucesor de Saúl, Samuel, sin duda, estaba usando la apariencia de Saúl como una guía parcial. El Señor simplemente le dijo: "El próximo hombre NO tiene que 'parecer' un rey – esta vez me interesa algo más".

Usar este versículo como prueba de que a Dios no le interesa cómo nos ataviamos es simplemente una mala aplicación de la Escritura. Sin lugar a duda, a Dios sí le preocupaba el atavío exterior, como se verá en los siguientes ejemplos.

- **Adam and Eve**

Genesis 3:21
Y Dios hizo al hombre y a su mujer túnicas de pieles, y los vistió,
Según Génesis 3:7, Adán y Eva ya se habían creado vestido para ellos. Sin embargo, ante los ojos de Dios, su ropa claramente no era suficiente.

Aunque algunas personas afirman que la vestimenta no era suficiente porque era necesario el derramamiento de sangre, esto es solo una suposición que puede o no ser relevante en este contexto. Por favor, preste atención al lenguaje de estos dos versículos: En el versículo 7, ellos "se hicieron delantales"; en el versículo 21, Dios hizo "túnicas".

Genesis 3:7
Entonces fueron abiertos los ojos de ambos, y conocieron que estaban desnudos; entonces cosieron hojas de higuera, y se hicieron delantales.

La palabra "delantal" se refiere a una "faja" que simplemente "cubría los lomos," mientras que "túnicas" se define como "vestiduras exterior amplia y larga".[7]
Una "túnica" se define como "una prenda sencilla que se pone por la cabeza y que normalmente llega hasta la rodilla o más abajo".[8]

Me parece evidente que hubo mucho más en la decisión de Dios de reemplazar los delantales de hojas de higuera con túnicas de pieles de animales — ¡la manera en que ellos eligieron cubrirse no era suficientemente modesta! Recuerde que, en ese momento, no había nadie más en el jardín excepto Adán, Eva y Dios. El Señor no estaba proveyendo cobertura adicional para que el esposo y la esposa fueran más modestos entre ellos. En cambio, estaba estableciendo un precedente importante sobre lo que Él espera con respecto a cómo debemos vestirnos.

- **Josué sumo sacerdote**

Zacarías 3:3-5
> *Y Josué estaba vestido de vestiduras viles, y estaba delante del ángel. [4] Y habló el ángel, y mandó a los que estaban delante de él, diciendo: Quitadle esas vestiduras viles. Y a él le dijo: Mira que he quitado de ti tu pecado, y te he hecho vestir de ropas de gala.[5] Después dijo: Pongan mitra limpia sobre su cabeza. Y pusieron una mitra limpia sobre su cabeza, y le vistieron las ropas. Y el ángel de Jehová estaba en pie.*

Dios no permitió que Josué le sirviera vestido tal como estaba. ¡Solo podía hacerlo si su apariencia externa cumplía con los estándares de Dios!

---

[7] Brown, Francis, S. R. Driver, and Charles Augustus Briggs. *A Hebrew and English Lexicon of the Old Testament*. Houghton Mifflin Company, 1906.
8 Diccionario de la Real Academia Española https://www.rae.es/

- **El Endemoniado de Gadara**

Marco 5:15
Vienen a Jesús, y ven al que había sido
atormentado del demonio, y que había tenido la
legión, sentado, vestido y en su juicio cabal; y
tuvieron miedo.
Me parece interesante que la posesión demoníaca condujo a
la desnudez total. ¿Podría ser que, cuanto más influenciada está
una persona por el diablo, más desea exponer su cuerpo? No solo
es posible — ¡me atrevería a decir que es probable!
Sin embargo, después de un encuentro con Cristo, este
hombre no solo fue liberado de la posesión demoníaca, y no solo
recuperó su "juicio cabal". De manera significativa, también
estaba "vestido". Jesús, evidentemente, estaba observando algo
más que el corazón de este hombre.

- **Los Sacerdotes Levitas**

Éxodo 28:2
Y harás vestiduras sagradas a Aarón tu
hermano, para honra y hermosura.
El Señor instruyó a Moisés que los sacerdotes debían
vestirse *primero* para la gloria. La hermosura era un
asunto secundario. ¡Creo que este es un principio por el
cual todos deberíamos esforzarnos! La ropa ajustada,
transparente u otra vestimenta indecente ciertamente no glorifica
a Dios. Estos temas se tratarán con mayor detalle en un capítulo
más adelante.
Considere esto: Si la separación externa no fuera importante
para Dios, ¿por qué inspiró Él a los apóstoles a hablar sobre el
adorno de los cristianos en varios pasajes? Solo mencionaremos
dos, aunque fácilmente podríamos citar muchos más.
1 Timoteo 2:8-10
Quiero, pues, que los hombres oren en todo
lugar, levantando manos santas, sin ira ni
contienda. [9] *Asimismo que las mujeres se atavíen*
de ropa decorosa, con pudor y modestia; no con
peinado ostentoso, ni oro, ni perlas, ni vestidos

costosos, [10] *sino con buenas obras, como*
corresponde a mujeres que profesan piedad.

1 Pedro 3:3-5
Vuestro atavío no sea el externo de peinados
ostentosos, de adornos de oro o de vestidos
lujosos, [4] *sino el interno, el del corazón, en el*
incorruptible ornato de un espíritu afable y
apacible, que es de grande estima delante de
Dios. [5] *Porque así también se ataviaban en otro*
tiempo aquellas santas mujeres que esperaban
en Dios, estando sujetas a sus maridos;

Si la apariencia externa no tuviera importancia, no habría
ninguna razón por la que tanto Pablo como Pedro abordaran el
tema. ¡Sin embargo, lo hicieron! Además, Pedro enfatizó que
debemos seguir el ejemplo de los que vivieron "en otro tiempo".
Aún hoy en día, la mayoría de los seguidores devotos del
judaísmo se visten de una manera bastante parecida a la que los
Apostólicos mantienen como estándar en la actualidad.

Como se discutió en nuestro primer capítulo, la
característica principal de Dios es Su santidad. Y es
precisamente por Su santidad que se nos ordena a ser
también santos.

Levíticos 20:7
Santificaos, pues, y sed santos, porque yo
Jehová soy vuestro Dios.

Observe la relación directa entre "santificarse" y "ser
santos". Esto se debe a que la palabra "santificaos" significa
"apartarse", y la palabra "santo" significa "separado". No es
posible "santificarse" si no hay una separación del resto del
mundo.

Una vez más, esto no solo es un mandato del Antiguo
Testamento. Por el contrario, se repite en el Nuevo Testamento,
y por lo tanto, sigue siendo obligatorio para la iglesia hoy en día.

1 Peter 1:15-16
Sino, como aquel que os llamó es santo, sed
también vosotros santos en toda vuestra manera
de vivir; [16] *porque escrito está: Sed santos,*
porque yo soy santo.

El apóstol mandó que debemos ser santos "en toda vuestra manera de vivir". La palabra "manera de vivir" (traducida también como "conducta" o "conversación" en versiones más antiguas) significa: "forma de vida, comportamiento, conducta".[9] Por lo tanto, la separación NO se refiere solo a nuestra actitud o perspectiva (aunque esas son importantes), sino a TODAS LAS ÁREAS DE NUESTRA VIDA — ¡incluyendo nuestra apariencia externa!

---

[9] Thayer, J., *A Greek-English Lexicon of the New Testament,* Baker Book House, 1993.

UN ESPÍRITU RECTO

Salmos 51:7-13
Purifícame con hisopo, y seré limpio;
Lávame, y seré más blanco que la nieve.[8] Hazme
oír gozo y alegría, y se recrearán los huesos que
has abatido.[9] Esconde tu rostro de mis pecados,
y borra todas mis maldades.[10] Crea en mí, oh
Dios, un corazón limpio, y renueva un espíritu
recto dentro de mí.[11] No me eches de delante de
ti, y no quites de mí tu santo
Espíritu.[12] Vuélveme el gozo de tu salvación, y
espíritu noble me sustente.[13] Entonces enseñaré
a los transgresores tus caminos, y los pecadores
se convertirán a ti.

En esta oración de arrepentimiento, el rey David pidió específicamente a Dios que hiciera dos cosas. Primero, que creara en él un corazón limpio. Ponga atención al hecho de que no le pidió a Dios que limpiara su corazón, sino que creara uno nuevo. David evidentemente reconoció que algo andaba mal con el corazón que tenía, debido a que había cometido pecados como el adulterio y el homicidio intencional. Simplemente limpiar su corazón no era suficiente.

La segunda petición fue que Dios "renovara" un espíritu recto dentro de él. David entendía que su espíritu necesitaba corrección. Aunque la palabra a menudo significa restaurar o reconstruir, en este pasaje en particular conlleva la connotación de "producir algo nuevo".[10]

Desde la perspectiva del salmista, ser perdonado de una transgresión no era suficiente. Él quería que Dios se asegurara de

---

[10] Barnes, A., J. G. Murphy, F. C. Cook, E. B. Pusey, H.C. Leupold, & R. Frew, *Barnes' Notes*. Blackie & Son, 1847.

que su espíritu y corazón fueran rectos para no repetir sus ofensas.

En el último capítulo, mencionamos brevemente el concepto de "santidad perfecta". Veamos esta idea con más detalle.

1 Corintios 7:1

Así que, amados, puesto que tenemos tales promesas, limpiémonos de toda contaminación de carne y de espíritu, perfeccionando la santidad en el temor de Dios.

En este versículo, la palabra "perfeccionar" NO habla de impecabilidad, sino de "completar". Por lo tanto, "santidad perfecta" simplemente significa "santidad completa". Según Pablo, la santidad perfecta requiere que seamos limpios de toda impureza tanto de la carne COMO del espíritu.

1 Tesalonicenses 5:23

Y el mismo Dios de paz os santifique por completo; y todo vuestro ser, espíritu, alma y cuerpo, sea guardado irreprensible para la venida de nuestro Señor Jesucristo.

Note cómo Pablo habla de que tanto el cuerpo COMO el espíritu sean guardados irreprensibles. Aunque en este libro abordaré en profundidad la importancia de la santidad externa, permíteme dejar en claro: la santidad exterior es absolutamente en vano ¡si no va acompañada de santidad interior!

Mateo 23:23-28

¡Ay de vosotros, escribas y fariseos, hipócritas! porque diezmáis la menta y el eneldo y el comino, y dejáis lo más importante de la ley: la justicia, la misericordia y la fe. Esto era necesario hacer, sin dejar de hacer aquello. ²⁴Guías ciegos, que coláis el mosquito, y tragáis el camello. ²⁵¡Ay de vosotros, escribas y fariseos, hipócritas! porque limpiáis lo de fuera del vaso y del plato, pero por dentro están llenos de robo y de injusticia. ²⁶Fariseo ciego, limpia primero lo de dentro del vaso y del plato, para que también lo de fuera quede limpio. ²⁷¡Ay de vosotros, escribas y fariseos, hipócritas! porque sois semejantes a sepulcros blanqueados, que por fuera, a la

verdad, se muestran hermosos, mas por dentro están llenos de huesos de muertos y de toda inmundicia. ²⁸Así también vosotros por fuera, a la verdad, os mostráis justos a los hombres, pero por dentro estáis llenos de hipocresía e iniquidad."

Jesús condenó a los fariseos, no por su santidad exterior, sino por su inmundicia interior. Les indicó que NO debían dejar de hacer lo externo, pero que PRIMERO debían corregir lo interior. Nosotros también debemos tener mucho cuidado en nuestra búsqueda de la separación ¡y no descuidar la santidad interior mientras nos enfocamos solo en lo exterior!

De ¿qué sirve que una mujer apostólica tenga cabello largo, mangas y faldas largas, si también tiene una lengua larga? ¡Nuestra apariencia externa no significa nada si nuestra persona interior está llena de corrupción! No porque tengamos la apariencia "correcta" significa que Dios esté complacido.

Además, el hecho de que algo se haga de la manera correcta no significa que se haga con el espíritu correcto. El siguiente pasaje del libro de los Hechos lo demuestra:

Hechos 16:16-18

Y aconteció que mientras íbamos a la oración, nos salió al encuentro una muchacha que tenía espíritu de adivinación, la cual daba gran ganancia a sus amos, adivinando. ¹⁷Esta, siguiendo a Pablo y a nosotros, daba voces, diciendo: Estos hombres son siervos del Dios Altísimo, quienes os anuncian el camino de salvación. ¹⁸Y esto lo hacía por muchos días; mas desagradando a Pablo, este se volvió y dijo al espíritu: Te mando en el nombre de Jesucristo, que salgas de ella. Y salió en aquella misma hora.

El identificar a los apóstoles como "siervos del Dios Altísimo" que mostraban "el camino de salvación" era algo correcto. Sin embargo, el espíritu que la impulsaba NO era correcto. Así que es muy posible hacer lo correcto (como vestirse bien, asistir a la iglesia o pagar los diezmos), pero debemos hacerlo con un espíritu incorrecto.

Créeme: es absolutamente esencial mantener un espíritu correcto. Dios espera plenamente que hagamos lo que Él manda, pero debemos hacerlo con el espíritu recto.

Proverbios 25:28
Como ciudad derribada y sin muro es el hombre cuyo espíritu no tiene rienda."

En la antigüedad, la primera línea de defensa de una ciudad era el muro que la rodeaba. El libro de Proverbios dice que la falta de control sobre nuestro espíritu es lo mismo que una ciudad sin defensa contra los ataques del enemigo. El mantener un espíritu recto nos protege contra las fuerzas espirituales que se oponen a nosotros.

Esto es verdad por una razón muy sencilla: nuestro espíritu afecta todo en nuestra vida. La siguiente historia ilustra este hecho:

"Por causa de la miseria dentro de nosotros, vemos todo desde una perspectiva negativa. Se cuenta que una vez un borracho se desmayó en una acera. Alguien en broma le frotó queso Limburger en el bigote. Cuando despertó, unas pocas respiraciones lo hicieron fruncir la nariz con disgusto y decir: 'Caramba, aquí apesta. Huele a queso Limburger. Me iré al parque donde no huela tanto.' Para su sorpresa, cuando llegó al parque, todavía olía a queso Limburger. Decidió ir más lejos, al campo, pero allí encontró que el olor no había cambiado. '¡Es terrible!', exclamó. '¡Todo el mundo huele a queso Limburger!' Su percepción era que todos los sitios olían mal, pero el problema estaba justo enfrente de su nariz. De igual manera, aquellos que permiten que su espíritu se dañe perciben que todo está mal y que todos están equivocados, cuando el problema está justo frente a ellos."[11]

Se ha dicho que maldecir la oscuridad es inútil a menos que estés dispuesto a encender una luz. Por lo tanto, no quiero simplemente decirle que evite tener un mal espíritu. En cambio, quiero compartir un par de cosas prácticas que pueden ayudarle a mantener un espíritu recto:

---

[11] Oullette, Dr. R. B., Ministry 127, https://ministry127.com/christian-living/keeping-your-spirit-right

• **Manténgase enfocado en Dios**

Isaías 26:3
Tú guardarás en completa paz a aquel cuyo pensamiento en ti persevera; porque en ti ha confiado."
No importa lo que esté sucediendo en nuestras vidas, Dios siempre es bueno. Cuando la vida no es buena, ¡Dios continúa siendo bondadoso! "Él es amoroso, perfecto y completamente justo. Nunca nos deja ni nos abandona (ver Hebreos 13:5). Cuando nos volvemos negativos o desanimados, es porque no hemos enfocado suficientemente nuestra atención en Dios."[12]

• **Rodéese de las amistades correctas**

Proverbios 27:17
Hierro con hierro se aguza; Y así el hombre aguza el rostro de su amigo.
Proverbios 27:9
El ungüento y el perfume alegran el corazón, Y el consejo agradable del amigo, al hombre.
Como dijo un autor: "Tener amigos con buen espíritu, buena actitud y un corazón recto nos ayudara a mantenernos en el camino correcto y con la actitud correcta. Pase tiempo con personas que le levanten el ánimo, no con las que lo derriban."[13]
Como he repetido, nuestra apariencia exterior SÍ importa. Pero si nuestro HOMBRE INTERIOR no está bien, nuestra apariencia exterior importa poco. El apóstol Pedro lo deja claro: "el hombre interior del corazón" es mucho más importante que el "adorno exterior".

1 Pedro 3:3-4
Vuestro atavío no sea el externo de peinados ostentosos, de adornos de oro o de vestidos lujosos, ⁴sino el interno, el del corazón, en el incorruptible ornato de un espíritu afable y

[12] *Ibid.*

[13] Oullette, Dr. R. B., Ministry 127, https://ministry127.com/christian-living/keeping-your-spirit-right

apacible, que es de grande estima delante de Dios.

La realidad es que debemos estar vestidos con SU santidad. El profeta Isaías habló de este principio:

Isaías 61:10

En gran manera me gozaré en Jehová, mi alma se alegrará en mi Dios; porque me vistió con vestiduras de salvación, me rodeó de manto de justicia, como a novio me atavió, y como a novia adornada con sus joyas.

Si no estamos vestidos con SU santidad, cualquier intento de separación no es más que pretensión. Dios no solo desaprueba esto, sino que lo considera repugnante.

Isaías 64:6

Si bien todos nosotros somos como suciedad, y todas nuestras justicias como trapo de inmundicia; y caímos todos nosotros como la hoja, y nuestras maldades nos llevaron como viento.

La clave para entender este versículo es el pronombre posesivo "nuestras". Son "nuestras justicias" las que Dios considera como "trapo de inmundicia". El concepto detrás del término implica algo abominable o detestable según la ley levítica. Dios ve nuestros intentos humanos de justicia de la misma manera. Le resulta repulsivo. Lo que necesitamos es SU santidad, que Él debe impartirnos dándonos un corazón limpio y un espíritu recto.

La realidad es que, si la separación exterior por sí sola nos hiciera santos, entonces grupos como los amish y los menonitas serían más santos que cualquiera de nosotros. Una vez más, esto NO pretende restar importancia a la separación; si así fuera, no hubiera escrito este libro. El punto es enfatizar que toda separación debe ser el resultado de un espíritu de santidad.

Un ataque común que muchos hacen contra quienes promovemos o seguimos principios de separación es llamarnos "fariseos". Para muchos, parece que no hay nada peor que ser un "cristiano farisaico". De hecho, la palabra "farisaico" se define como " hipócrita, testimoniero."[14]

Esto se basa principalmente en la percepción de que las críticas de Cristo a los fariseos del Nuevo Testamento se debieron a que practicaban la santidad exterior. Aunque hay disputa de que Jesús sí advirtió contra ciertos aspectos asociados con los fariseos, Su condena no fue porque vivían vidas separadas.

Los ataques en la actualidad ignoran (o pasan por alto) dos hechos fundamentales. Primero, Jesús mandó a Sus discípulos a obedecer a los fariseos:

Mateo 23:2-3
En la cátedra de Moisés se sientan los escribas y los fariseos. [3]Así que, todo lo que os digan que guardéis, guardadlo y hacedlo; mas no hagáis conforme a sus obras, porque dicen, y no hacen.

Aunque SÍ condenó algunas de sus acciones, NO condenó sus reglas ni directrices. De hecho, enseñó que debían ser obedecidas. Lo que él rechazó fue el hecho de que predicaban lo que no practicaban. Lo que reprobaba era su hipocresía, NO su santidad exterior.

Lo segundo que muchos parecen ignorar es que el gran apóstol Pablo NO se avergonzó de ser fariseo. De hecho, parecía considerarlo un honor:

Filipenses 3:5
Circuncidado al octavo día, del linaje de Israel, de la tribu de Benjamín, hebreo de hebreos; en cuanto a la ley, fariseo.

El problema con los fariseos no era que vivieran una vida de separación, sino que estaban tan enfocados en la "letra de la ley" que descuidaban el "espíritu de la ley".

2 Corintios 3:6
El cual asimismo nos hizo ministros competentes de un nuevo pacto, no de la letra, sino del espíritu; porque la letra mata, mas el espíritu vivifica.

---

[14] Diccionario de la Real Academia Española https://www.rae.es/

La santidad debe comenzar desde adentro. Como dijo un predicador: "Sin la mentalidad y actitud correctas, nunca podremos ser santos, aunque nos conformemos a una forma de santidad externa."[15]

Y agregó: "La vida santa no consiste en cumplir normas para aparentar santidad, ser vistos por otros o parecer espirituales. La verdadera santidad nace de un deseo profundo y sincero de agradar a Dios todos los días."[16]

La verdadera santidad se reflejará en nuestra apariencia exterior. Será el resultado de un deseo interno genuino.

Al hablar a los fariseos, Jesús enseñó claramente que cumplir con un estándar exterior no equivale a ser verdaderamente santo. Requiere mucho más que eso:

Mateo 5:21-22

Oísteis que fue dicho a los antiguos: No matarás; y cualquiera que matare será culpable de juicio. [22]Pero yo os digo que cualquiera que se enoje contra su hermano, será culpable de juicio; y cualquiera que diga: Necio, a su hermano, será culpable ante el concilio; y cualquiera que le diga: Fatuo, quedará expuesto al infierno de fuego.

Mateo 5:27-28

Oísteis que fue dicho: No cometerás adulterio. [28]Pero yo os digo que cualquiera que mira a una mujer para codiciarla, ya adulteró con ella en su corazón.

Aunque los fariseos se creían santos por no matar, Jesús dijo que odiar en el corazón es lo mismo. Y el hecho de no cometían adulterio físicamente no significaba que no habían sido culpables de ese pecado en un sentido espiritual.

Nunca debemos llegar al punto de que UNICAMENTE nos enfocamos en nuestra apariencia exterior. Si lo hacemos, seremos juzgados como Jesús juzgó a los fariseos:

---

[15] Stewart, Missionary Jessie, *Inward Holiness,* enseñado en una conferencia en la Republica de Sudáfrica en marzo 28, 2024.

[16] *Ibid.*

Mateo 23:27-28

*¡Ay de vosotros, escribas y fariseos,
hipócritas! porque sois semejantes a sepulcros
blanqueados, que por fuera, a la verdad, se
muestran hermosos, mas por dentro están llenos
de huesos de muertos y de toda inmundicia.*
*²⁸Así también vosotros por fuera, a la verdad, os
mostráis justos a los hombres, pero por dentro
estáis llenos de hipocresía e iniquidad.*

Lamentablemente, muchos apostólicos se consumen tanto
con evaluar la apariencia externa de otros que descuidan la
importancia de la santidad interior. Podemos pensar que alguien
es espiritual por lo que vemos externamente, pero Dios no tiene
esa limitación. Él mira el corazón:

1 Samuel 16:7

*Y Jehová respondió a Samuel: No mires a su
parecer, ni a lo grande de su estatura, porque yo
lo desecho; porque Jehová no mira lo que mira
el hombre; pues el hombre mira lo que está
delante de sus ojos, pero Jehová mira el
corazón.*

Una vez más, esto NO significa que a Dios no le importe la
apariencia externa. Significa que la apariencia externa por sí
sola ¡no es suficiente para agradar al Señor!

El problema fundamental de la humanidad es que nuestra
naturaleza es carnal. Desde el momento de la concepción, existe
en nosotros una tendencia y deseo hacia las cosas pecaminosas y
los estilos de vida impíos.

Salmos 51:5

*He aquí, en maldad he sido formado, Y en
pecado me concibió mi madre.*

El pecado está en nuestra naturaleza. Como resultado,
naturalmente producimos "las obras de la carne".

Gálatas 5:19-21

*Y manifiestas son las obras de la carne, que
son: adulterio, fornicación, inmundicia, lascivia,
²⁰idolatría, hechicerías, enemistades, pleitos,
celos, iras, contiendas, disensiones, herejías,
²¹envidias, homicidios, borracheras, orgías, y*

cosas semejantes a estas; acerca de las cuales os amonesto, como ya os lo he dicho antes, que los que practican tales cosas no heredarán el reino de Dios.

Algunas de las cosas mencionadas son pecados externos, pero no todas. Muchas tienen que ver con el espíritu y el hombre interior.

Como mencioné anteriormente, la Biblia nos enseña que debemos ser "transformados". ¡Debemos cambiar completamente!

Romanos 12:2

No os conforméis a este siglo, sino transformaos por medio de la renovación de vuestro entendimiento, para que comprobéis cuál sea la buena voluntad de Dios, agradable y perfecta."

Tal transformación solo es posible por medio del poder del Espíritu. Esto resulta en dar muerte a las obras del pecado.

Romanos 8:13

Porque si vivís conforme a la carne, moriréis; mas si por el Espíritu hacéis morir las obras de la carne, viviréis.

Nuestros deseos carnales siempre nos desviarán. ¡Nuestra naturaleza carnal debe ser crucificada!

Gálatas 5:24

Pero los que son de Cristo han crucificado la carne con sus pasiones y deseos.

De hecho, este es el motivo del "nuevo pacto". Guardar la ley exteriormente no era suficiente. Por eso Dios dijo que pondría Su ley en nuestros corazones.

Jeremías 31:33

Pero este es el pacto que haré con la casa de Israel después de aquellos días, dice Jehová: Daré mi ley en su mente, y la escribiré en su corazón; y yo seré a ellos por Dios, y ellos me serán por pueblo.

Corintios 3:3

Siendo manifiestos como carta de Cristo expedida por nosotros, escrita no con tinta, sino

*con el Espíritu del Dios vivo; no en tablas de
piedra, sino en tablas de carne del corazón.*
Cuando esta transformación se lleva a cabo, da como
resultado cambios en nuestro hombre interior que son visibles
para los demás. Dejaremos de producir "las obras de la carne" y
comenzaremos a producir algo mucho mejor.

Gálatas 5:22-23
> *Mas el fruto del Espíritu es amor, gozo, paz,
> paciencia, benignidad, bondad, fe,
> [23]mansedumbre, templanza; contra tales cosas
> no hay ley.*

"Estos no son dones por los que oramos o que buscamos
directamente. A través de nuestra consagración personal a Dios,
gradualmente somos transformados internamente hasta que estas
características de Su naturaleza empiezan a manifestarse
externamente en nuestras vidas. El Espíritu de Dios nos desafiará
y transformará internamente siempre y cuando estemos
dispuestos a hacer los cambios externos necesarios para
agradarle."[17]

¡Es posible tener una apariencia santa por fuera y ser carnal
por dentro! Consideremos al hermano mayor del hijo pródigo,
quien según sus propias palabras, nunca fue culpable de
NINGUNO de los pecados o transgresiones "externas" que
cometió su hermano.

Lucas 15:29-30
> *Mas él, respondiendo, dijo al padre: He aquí,
> tantos años te sirvo, no habiéndote
> desobedecido jamás, y nunca me has dado ni un
> cabrito para gozarme con mis amigos; [30]Pero
> cuando vino este tu hijo, que ha consumido tus
> bienes con rameras, has hecho matar para él el
> becerro gordo.*

Su testimonio personal fue: "no habiéndote desobedecido
jamás". Dudo que le hubiera dicho esto a su padre si no fuera
verdad.

---

[17] Stewart, Missionary Jessie, *Inward Holiness,* taught at a conference in the
Republic of South Africa on March 28, 2024.

A pesar de ello, su espíritu estaba lleno de ira, celos y -quizá lo más evidente- pretensión. Se veía a sí mismo como más "digno" y "merecedor" de recompensa que su hermano arrepentido. Si no tenemos cuidado, podemos cumplir con nuestra "lista" de normas externas mientras dejamos que nuestro espíritu sea totalmente repulsivo para Dios.

Isaías 65:2-5

Extendí mis manos todo el día a un pueblo rebelde, el cual anda por camino no bueno, en pos de sus pensamientos; [3]pueblo que en mi rostro me provoca de continuo a ira, sacrificando en huertos, y quemando incienso sobre ladrillos; [4]que se quedan en los sepulcros, y en lugares escondidos pasan la noche; que comen carne de cerdo, y en sus ollas hay caldo de cosas inmundas; [5]que dicen: Estate en tu lugar, no te acerques a mí, porque yo soy más santo que tú. Éstos son humo en mi nariz, fuego que arde todo el día.

La versión *The Contemporary English* lo pone así: "Esa gente es como humo que me irrita la nariz todo el día."[18]No importa cuán "santos" nos veamos por fuera, jamás debemos permitir que nuestro espíritu se contamine con amargura, envidia, contienda, avaricia, orgullo y cosas semejantes.

Podría escribir un capítulo entero sobre cada uno de estos temas, pero eso excedería el alcance de este volumen. Basta decir que debemos obedecer la exhortación de Pablo para una limpieza tanto externa como interna.

2 Corintios 7:1

Así que, amados, puesto que tenemos tales promesas, limpiémonos de toda contaminación de carne y de espíritu, perfeccionando la santidad en el temor de Dios.

Debe ser nuestra práctica diaria orar una oración de arrepentimiento. Un gran ejemplo que podemos usar como guía es la oración que David escribió después de su pecado con Betsabé.

---

[18] *The Contemporary English Version*, Thomas Nelson Publishers, 1995.

Salmos 51:10
*Crea en mí, oh Dios, un corazón limpio, y
renueva un espíritu recto dentro de mí.*
David reconoció que su pecado había brotado de algo
profundo dentro de él. Su problema era más que una lujuria
física; ¡era un problema de espíritu! Aludió a esto en el siguiente
versículo:
Salmos 51:11
*No me eches de delante de ti, y no quites de mí
tu santo espíritu.*
La traducción *Darby* dice: "No me eches de tu presencia, y
no quites de mí el espíritu de tu santidad."[19]Este es precisamente
el motivo por el cual el "Espíritu Santo" no lleva otro nombre de
los atributos de Dios: es, ante todo, ¡un espíritu de santidad!
El pecado comienza en el interior. Y debe ser tratado de tal
manera.
Santiago 1:14-15
*Sino que cada uno es tentado, cuando de su
propia concupiscencia es atraído y seducido.
[15]Entonces la concupiscencia, después que ha
concebido, da a luz el pecado; y el pecado,
siendo consumado, da a luz la muerte.*
El pecado es el resultado de los deseos carnales que brotan
de nuestra carne y solo pueden ser controlados por un espíritu
recto. Por esta razón, debemos ser "fortalecidos... en el hombre
interior".
Efesios 3:16
*Para que os dé, conforme a las riquezas de su
gloria, el ser fortalecidos con poder en el
hombre interior por su Espíritu.*
Cuando Pablo oró por los santos en Tesalónica, expresó su
deseo para ellos. Quería que fueran "irreprensibles" en todos los
aspectos.
1 Tesalonicenses 5:23
*Y el mismo Dios de paz os santifique por
completo; y todo vuestro ser, espíritu, alma y*

---

[19] *The Holy Bible: Darby Translation;* Christian Classics Ethereal Library;
2002.

cuerpo, sea guardado irreprensible para la
venida de nuestro Señor Jesucristo.

La versión *International Standard* dice: "Que el mismo Dios de paz los haga santos en todos los aspectos. Y que todo su ser—espíritu, alma y cuerpo—permanezca irreprensible cuando aparezca nuestro Señor Jesucristo, el Mesías."[20] Solo cuando nuestro cuerpo, Y alma, Y espíritu sean irreprensibles podemos ser considerados "completamente santificados" ante Dios. ¡Debemos tener las SEÑALES externas de santidad y, más importante aún, el ESPÍRITU interno de santidad!

Romanos 1:4

Que fue declarado Hijo de Dios con poder,
según el espíritu de santidad, por la
resurrección de entre los muertos.

El "espíritu de santidad" fue lo que declaró a Cristo como el Hijo de Dios. ¡Cuánto más pues, nosotros, como hijos e hijas de Dios, NECESITAMOS ese mismo espíritu de santidad—no solo la forma externa, sino la transformación interna—para que haga esa declaración en nosotros!

---

[20] *The Holy Bible: International Standard Version*, Davidson Press, 2003.

LA NECESIDAD DE ESTÁNDARES

Isaías 59:19
> *Y temerán desde el occidente el nombre de*
> *Jehová, y desde el nacimiento del sol su gloria;*
> *porque vendrá el enemigo como río, mas el*
> *Espíritu de Jehová levantará bandera contra él.*

Como señalé en los capítulos previos, Dios espera que Su pueblo esté separado del resto del mundo. Si se nos requiere estar separados, ¿cómo determinamos si realmente lo estamos? Es evidente que se deben establecer ciertos "estándares" mediante los cuales el mundo pueda observar nuestra separación. Es esencial que lo hagamos.

En este libro mencione anteriormente un versículo que muchos usan para negar la importancia de la separación. Queremos volver a abordar este versículo, señalando algo que no señalé la vez anterior.

1 Samuel 16:7
> *Y Jehová respondió a Samuel: No mires a su*
> *parecer, ni a lo grande de su estatura, porque yo*
> *lo desecho; porque Jehová no mira lo que mira*
> *el hombre; pues el hombre mira lo que está*
> *delante de sus ojos, pero Jehová mira el*
> *corazón.*

Como ya indiqué, esto se refiere a la elección de un rey y no tiene nada que ver con la santidad exterior. Lo sabemos porque Dios menciona el "parecer" y la "estatura", pero no dice NADA sobre la ropa.

Dicho esto, hay algo más que debemos notar. La Biblia dice: "el hombre mira lo que está delante de sus ojos". Es al HOMBRE a quien intentamos ganar para Dios, y el hombre solo puede ver lo que está por fuera. Por lo tanto, nuestro exterior

DEBE reflejar al mundo lo que está en nuestro interior, porque el hombre no puede ver nuestro corazón. Así que vuelvo a enfatizar el hecho de que DEBE haber alguna manera en que podamos mostrar visiblemente al mundo que Dios ha cambiado nuestras vidas. Hacemos esto cuando nuestra apariencia exterior está regida por lo que llamamos "estándares de santidad".

La palabra "estándar" tiene varias definiciones. Una es: "algo establecido por autoridad como regla para medir cantidad, peso, valor o calidad".[21] Por ejemplo, si no hubiera una forma "estándar" de medir el peso, un comerciante podría venderle una "libra" de carne cuando en realidad solo son solo unas pocas onzas. Las transacciones honestas requieren un método de medición consistente. En otras palabras, necesitamos un "estándar" aceptado.

Otra definición es: "algo establecido por autoridad, costumbre o consenso general como modelo o ejemplo".[22] Así usamos la palabra al hablar de un "estándar de conducta". Denota el criterio de excelencia con el que se juzgan todos los demás.

Para comprender plenamente la palabra "estándar", debemos considerar su origen. El Diccionario de Etimología Online ofrece esta definición: "'Bandera u otro objeto visible para servir como punto de reunión para una fuerza militar', del francés antiguo *estandart*, [que significa] 'estandarte militar, bandera'... probablemente del franco *standhard*, literalmente 'mantenerse firme'... llamado así porque la bandera estaba fijada a un palo o lanza y clavada en el suelo para mantenerse en pie."[23]

Así que, cuando pensemos en "estándares", deberíamos imaginar inmediatamente una bandera en alto, visible para todo el mundo. La palabra "bandera" se define como: "una pieza de tela, que varía en tamaño, forma, color y diseño, generalmente unida por un borde a un asta o cuerda, y usada como símbolo de una nación, estado u organización, como medio de señalización, etc.; insignia; estandarte; bandera; gallardete."[24]

---

[21] Diccionario de la Real Academia Española https://www.rae.es/

[22] *Ibid.*

[23] Online Etymology Dictionary, https://www.etymonline.com

[24] Dictionary.com, https://www.dictionary.com/browse/flag

El uso bíblico de la palabra "estándar" en relación con el concepto de bandera se muestra en el libro de Números:

> *Números 2:2*
>
> *Los hijos de Israel acamparán cada uno junto a su bandera, bajo las enseñas de las casas de sus padres; alrededor del tabernáculo de reunión acamparán.*

Los israelitas acampaban alrededor del Tabernáculo según sus tribus. Cada tribu tenía una bandera con el "estandarte" de la casa de su padre. Esto era una señal visible que permitía que todos supieran quién era su padre, y eso es precisamente lo que hacen hoy en día los "estándares de santidad": le dicen al mundo ¡Quién es nuestro Padre!

Aunque muchas veces son malentendidos (y en ocasiones incluso rechazados), los estándares de santidad pueden ser de gran valor para el pueblo de Dios. Esto es especialmente cierto cuando se siguen con el propósito correcto y con un espíritu recto.

Pablo enseñó que los dones del Espíritu son más beneficiosos cuando se administran con amor (ver 1 Corintios 13). De igual manera, los estándares serán más provechosos cuando entendamos su propósito y que son administrados con amor. Cuanto más entiende una persona el propósito y uso de los estándares, más capacitada estará para cumplirlos.

Sostengo que las personas están más dispuestas a hacer lo que comprenden. Aunque el pueblo de Dios debe confiar en el liderazgo respecto a los estándares de santidad, esta confianza será más fácil si tienen un entendimiento claro del motivo detrás del estándar.

Como explicaré más adelante, hay ocasiones en las que el pastor no puede dar otra razón más que lo que siente en el Espíritu Santo. Los santos deben aceptar esto y obedecer con voluntad. Sin embargo, la gran mayoría de los estándares han sido establecidos por un propósito: ya sea por un mandato bíblico claro, o por principios escriturales sobre los cuales se establecen. Sea cual sea el caso, los miembros de una asamblea deben comprender que los estándares no son simplemente una manera para que el pastor controle la vida de alguien. Más bien, son pautas dadas por el pastor para ayudar a los miembros a controlar sus propias vidas. David fue llamado "un hombre conforme al corazón de Dios". Sin duda, hubo muchas causas para esto. Personalmente, no puedo evitar creer que una de esas razones fue el deseo de David de identificarse clara y abiertamente con el Único Dios verdadero de Israel.

Salmos 20:5
Nosotros nos alegraremos en tu salvación, y alzaremos pendones en el nombre de nuestro Dios; conceda Jehová todas tus peticiones.

David proclamó que sus "pendones" (es decir, banderas) serían "alzados" no en su propio nombre, sino "en el nombre de nuestro Dios". Escogió ondear banderas que lo identificaran físicamente con el Señor ante cualquiera que se le acercara. Esos "estándares" proclamaban con orgullo a todo el mundo que la confianza, la seguridad y la fuerza de David venían de Jehová, ¡y que sería Jehová quien pelearía por él!

Igual que David, también nosotros debemos entender el propósito—y la promesa—de los estándares. Nuestros estándares de santidad exterior son una proclamación visible para todos los que nos rodean indicando que Dios es nuestro Padre y somos parte de Su iglesia.

Durante una guerra, los soldados valientes que no temen al enemigo están dispuestos a ondear la bandera de su nación en alto. Tal vez una de las fotos más icónicas en la historia de los Estados Unidos es el izamiento de la bandera en Iwo Jima, una declaración al enemigo de que Estados Unidos había vencido un puesto importante de Japón. La historia dice que esta fue en realidad la segunda bandera estadounidense colocada allí, ya que la primera se consideró demasiado pequeña para ser vista claramente.[25] ¡Las tropas estadounidenses querían asegurarse de que tanto sus camaradas como sus enemigos supieran que habían escalado y conquistado el Monte Suribachi!

El pueblo de Dios nunca debe temer (y ciertamente nunca debe avergonzarse) de sostener un estándar que proporciona una

---

[25] Garner, Tom, Live Science, https://www.livescience.com/iwo-jima-flag-raising.html

declaración clara e incuestionable de la victoria del Señor en nuestras vidas. ¡Debemos levantar en alto la bandera de la santidad, eliminando toda duda de en qué lado estamos! Estamos en guerra espiritual. Debemos levantar los "estándares" contra el diluvio de maldad que se levanta contra la iglesia. La iglesia está destinada a ser una luz en este mundo. La luz se destaca en la oscuridad. Hace que la iglesia sea visible ante el mundo. Es notable; es evidente.

Mateo 5:14-16
Vosotros sois la luz del mundo; una ciudad asentada sobre un monte no se puede esconder.
[15]Ni se enciende una luz y se pone debajo de un almud, sino sobre el candelero, y alumbra a todos los que están en casa. [16]Así alumbre vuestra luz delante de los hombres, para que vean vuestras buenas obras, y glorifiquen a vuestro Padre que está en los cielos.

La gente necesita ver los esfuerzos exteriores que hacemos para agradar a Dios. Cuando lo ven, Jesús dijo que eso hará que glorifiquen a nuestro Padre. ¡Nuestros esfuerzos externos identifican Quién es nuestro Padre!

Lo que atrae la atención hacia una persona es la luz que otros ven. La ropa extravagante puede atraer atención hacia la carne de una persona y causar que otros malinterpreten su espíritu y carácter verdadero. De manera similar, la ropa modesta puede controlar la atracción física hacia un individuo. Esto puede revelar la personalidad cristiana y permitir que se destaque el carácter genuino de esa persona.

El apóstol Pablo dio a los cristianos una designación única. Dijo que estamos designados como embajadores de Jesucristo.

Corintios 5:20
Así que, somos embajadores en nombre de Cristo, como si Dios rogase por medio de nosotros; os rogamos en nombre de Cristo: Reconciliaos con Dios.

Como embajadores, debemos reflejar Su luz y gloria al mundo. El objetivo de la iglesia debe ser llamar la atención sobre Aquel a quien representamos, y no sobre nosotros mismos.

Debemos procurar ser identificados con Jesucristo en cada aspecto de nuestras vidas. Cuando los estándares se aplican correctamente a nuestra vida, éstos nos ayudan a generar esta identidad. Retornando a nuestra comparación entre los estándares de santidad y una bandera o estandarte, debemos reconocer que las naciones, estados, ciudades e incluso organizaciones eligen banderas para representar ciertas costumbres y tradiciones importantes para ellos. La bandera que ondean es un símbolo visible de la filosofía de vida adoptada por el grupo.

Generalmente, por lo menos se consideran dos propósitos para el diseño y/o colores elegidos para una bandera. Uno es presentar los principios fundamentales y creencias del grupo de manera positiva (aunque absoluta). El otro es mostrar cualquier característica o cualidad única que permita que el grupo se destaque entre los demás.

Por ejemplo, consideremos la bandera de los Estados Unidos. Tiene 13 franjas horizontales – siete rojas y seis blancas. En la esquina superior izquierda hay un área azul con 50 estrellas blancas. De acuerdo con el Congreso Continental, que autorizó la bandera original, las 13 franjas representaban las 13 colonias originales. Las estrellas representaban el número de estados. El blanco simbolizaba pureza e inocencia, el rojo representaba fortaleza y valor, y el azul representaba vigilancia, perseverancia y justicia.[26]

Considerando que una bandera representa cualidades distintas, el concepto de "estándares" comenzó a aplicarse a parámetros ejemplares morales y espirituales. Nuestros estándares de santidad le dicen al mundo que somos distintos en nuestro estilo de vida y especiales en nuestra relación con Dios. En resumen, los estándares de santidad son "banderas" que dan testimonio visible de que nuestras vidas le pertenecen a Dios.

Los hijos de Dios no deben ver los estándares de santidad como algo que nos hace ver "feos" o "indeseables". Aunque el mundo puede vernos de esa manera, Dios ve nuestra santidad de estilo de vida de una manera completamente distinta.

---

[26] PBS, *The History of the American Flag*, https://www.pbs.org/a-capitol-fourth/history/old-glory

Salmos 149:4
Porque Jehová tiene contentamiento en su pueblo; hermoseará a los humildes con la salvación.

Salmos 29:2
Dad a Jehová la gloria debida a su nombre; adorad a Jehová en la hermosura de la santidad.

Para Dios, no hay nada "feo" en la santidad de Su pueblo. ¡Para Él, es una gran belleza!

Hay por lo menos cuatro cosas que los estándares de santidad representan en nuestras vidas. Primero y ante todo, representan **distinción**.

Créame: Dios siempre ha requerido que Su pueblo sea diferente de todos los demás pueblos de la tierra.

2 Corintios 6:14-18
No os unáis en yugo desigual con los incrédulos; porque ¿qué compañerismo tiene la justicia con la injusticia? ¿Y qué comunión la luz con las tinieblas? [15]¿Y qué concordia Cristo con Belial? ¿O qué parte el creyente con el incrédulo? [16]¿Y qué acuerdo hay entre el templo de Dios y los ídolos? Porque vosotros sois el templo del Dios viviente, como Dios dijo: Habitaré y andaré entre ellos, y seré su Dios, y ellos serán mi pueblo. [17]Por lo cual, salid de en medio de ellos, y apartaos, dice el Señor, y no toquéis lo inmundo; y yo os recibiré, [18]Y seré para vosotros por Padre, y vosotros me seréis hijos e hijas, dice el Señor Todopoderoso."

Dios espera diferenciación. El diablo, por otro lado, hace todo lo posible para que la iglesia conceda. Satanás desea borrar las líneas entre la iglesia y el mundo.

Parte de este proceso es borrar las líneas entre los géneros. La Biblia es clara en que Dios creó solo dos géneros – masculino y femenino – y siempre ha esperado que los dos sean distintos tanto en sus acciones como en su apariencia. (Esto se abordará con más detalle más adelante en este libro.)

La sociedad actual hace todo lo posible para convencernos de que no hay diferencia entre hombres y mujeres, y al mismo tiempo dice que las personas deberían poder "cambiar" de un género a otro. Mi pregunta es simple: si no hay diferencia, ¿por qué hay necesidad de cambiar?

Todo esto no es más que un intento de eliminar diferenciación y separación. Empezó con el desvanecimiento de las líneas en cuanto a la vestimenta. ¡Ahora ha llegado a tal punto en que ya no queda línea alguna que borrar!

Esto no puede suceder en la iglesia del Dios viviente. Nuestros estándares de santidad ayudan a separarnos del resto del mundo. Como resultado de nuestra conversión, debemos vernos diferentes, vestirnos diferente, actuar diferente, pensar diferente, y SER diferentes – ¡en TODO sentido!

Tanto en la manera de vestir como en los códigos de conducta, la iglesia es diferente del mundo. Esa distinción y diferencia es muy agradable a Dios. Para Dios, nuestra belleza no está en los rasgos físicos, sino en el espíritu y el carácter del hombre interior. ¡Qué hermoso es tener el Espíritu de Dios irradiando desde nuestras vidas!

Salmos 149:4
Porque Jehová tiene contentamiento en su pueblo; hermoseará a los humildes con la salvación.

Los estándares de santidad no solo sirven para proporcionar una distinción clara entre la iglesia y el mundo. También cumplen otros propósitos.

Los estándares también representan una **declaración de guerra**. Son nuestras insignias o banderas militares. Aunque el enemigo viene contra nosotros como un diluvio de inmoralidad, humanismo, perversión, divorcio y aborto, la iglesia no debe quedarse quieta ni pasiva. El estándar debe levantarse como nuestra bandera militar contra el ataque del enemigo.

Isaías 59:19
Y temerán desde el occidente el nombre de Jehová, y desde el nacimiento del sol su gloria; porque vendrá el enemigo como río, mas el Espíritu de Jehová levantará bandera contra él.

Aunque el mundo del pecado se vuelva más oscuro, eso solo hará que la luz y la verdad de la iglesia sean más evidentes. Siempre habrá un pueblo que se mantendrá firme por la justicia ante la adversidad. No tendrán miedo de levantar en alto el estandarte de la iglesia. ¡La Biblia está LLENA de ejemplos de individuos que fueron estandartes de verdad y justicia! ¡Qué estandarte de justicia fueron Josué y Caleb cuando se pararon ante todo el campamento de los israelitas! ¡Qué estandarte tan fuerte fueron los tres hebreos en el horno de fuego! David se enfrentó solo a Goliat; Noé se mantuvo solo junto a su arca; Abraham se mantuvo solo con su promesa; y José estuvo solo con su sueño. Todos estos fueron "estandartes de verdad" ondeando alto ante el mundo.

Los estándares también representan **calidad**. La iglesia es un espectáculo para el mundo. La vida es como un escenario de teatro por el cual solo pasamos una vez. Los cristianos están en exhibición, mostrando la calidad de vida que Dios nos ha dado. Aunque solo fuera por esta razón, deberíamos mostrar altos estándares para revelar el valor de la obra de Dios en nosotros. Él ha hecho algo verdaderamente hermoso con nuestras vidas.

Romanos 8:15
Pues no habéis recibido el espíritu de esclavitud para estar otra vez en temor, sino que habéis recibido el espíritu de adopción, por el cual clamamos: ¡Abba, Padre!"

1 Pedro 2:9
Mas vosotros sois linaje escogido, real sacerdocio, nación santa, pueblo adquirido por Dios, para que anunciéis las virtudes de aquel que os llamó de las tinieblas a su luz admirable.

Dios nos ha adoptado en Su familia real. Debido a esta relación, tenemos la obligación de vivir conforme a principios más altos que los que nos rodean.

Se cuenta que la institutriz de una joven princesa de Inglaterra le indicó que debería auto-disciplinarse. La niña dijo: "No tengo que hacer eso; soy la princesa". La institutriz sabiamente respondió: "Precisamente por eso debes hacerlo".

Debido a que somos la realeza de Dios, debemos portar con gusto los estándares de la familia real. Por medio de esto, permitimos que el mundo vea no solo nuestra diferenciación y separación, sino también la alta calidad de vida que nuestro Padre nos ha dado. Todo lo que Dios hace en la vida de una persona es para su bien. Es con el propósito de transformarnos a Su carácter.

Romanos 8:28-29
Y sabemos que a los que aman a Dios, todas las cosas les ayudan a bien, esto es, a los que conforme a su propósito son llamados. [29]Porque a los que antes conoció, también los predestinó para que fuesen hechos conformes a la imagen de su Hijo, para que él sea el primogénito entre muchos hermanos.

Dios desea ver la más alta calidad producida en la vida cristiana. El estándar de calidad se hace evidente a través de la vida y el carácter de un cristiano. Los estándares establecidos por el cristiano deben reflejar el alto estándar de calidad que desea para su vida.

Los estándares representan **propiedad** y **conquista**. Cuando los exploradores desembarcaban en nuevas y lejanas tierras, una de las primeras cosas que hacían era plantar una bandera para mostrar que el reino que representaban reclamaba ese territorio como propio. Cuando el hombre llegó a la luna, ¿qué hizo Neil Armstrong? ¡Plantó una bandera!

No somos nuestros propios dueños. Porque pertenecemos a Dios, ¡debemos mostrar con gusto Quién ha tomado el control de nuestras vidas!

1 Corintios 6:19-20
¿O ignoráis que vuestro cuerpo es templo del Espíritu Santo, que está en vosotros, el cual tenéis de Dios, y que no sois vuestros? [20]Porque habéis sido comprados por precio; glorificad, pues, a Dios en vuestro cuerpo y en vuestro espíritu, los cuales son de Dios.

Los estándares representan un *esfuerzo conjunto.* Somos parte de algo más grande que nosotros mismos. Debemos estar dispuestos a demostrar que nos identificamos con otros que comparten "una fe preciosa".

Salmos 133:1

> *¡Mirad cuán bueno y cuán delicioso es*
> *habitar los hermanos juntos en armonía!"*

Los uniformes crean una identidad específica. Todos los policías usan un uniforme muy parecido a los que usan otras personas de ese mismo grupo. Todos los carteros de los Estados Unidos tienen una vestimenta familiar. Siempre que vemos a una persona uniformada, ésta representa a todos los demás del mismo grupo. Su vestimenta habla de un esfuerzo conjunto para distribuir correo o controlar el crimen y la violencia de la ciudad.

De igual manera, el cristiano debe tener en su estilo de vida, filosofía de vida, carácter, e incluso en los estándares de vestimenta, algo que indique el esfuerzo conjunto de la iglesia de vivir para Dios. Esto no significa que todos los cristianos deban usar el mismo uniforme. Sin embargo, sí significa que ciertas características de los estándares de la iglesia permitan que el mundo nos reconozca que pertenecemos a Jesucristo.

Un esfuerzo unido no puede existir sin disciplina, dirección, orden y autoridad. En la actualidad, muchos hacen lo que les apetece. Muchos son deshonestos y voluntariamente quebrantan la ley. Nuestra sociedad está siendo dominada por una generación rebelde sin un código moral. La iglesia debe ver esto como un llamado a levantarse y mostrar el estándar de la dirección y orden debido. Debemos producir el fruto de una vida disciplinada y permitir que la adhesión a la autoridad nos unifique en nuestra posición por lo que es correcto.

Un esfuerzo conjunto solo puede mantenerse a través de la sumisión a la autoridad establecida en las Escrituras. La Biblia enseña sumisión a los padres (Efesios 6:1-3), a los empleadores (Efesios 6:5-8), al gobierno (Romanos 13:1-7) y a los líderes de la iglesia (Hebreos 13:17).

La referencia clara de Dios a la obediencia (1 Samuel 15:22-23) y Su acción severa contra los rebeldes (Números 16:31-35) revelan Su estándar de sumisión a la autoridad. El propósito de la sumisión es mantener funcionando la obra unida de la iglesia.

Ultimadamente debemos saber que los estándares son una forma esencial de protección. Hace muchos años, en el oeste americano, todos los ranchos grandes construían cercas alrededor de sus perímetros. Estas cercas servían un propósito primordial: estaban allí para proteger a sus habitantes. Esta protección, sin embargo, funcionaba de dos maneras. Las cercas mantenían fuera al enemigo (ladrones de ganado, animales salvajes, etc.). También protegían a los habitantes que se encontraban adentro, impidiendo que transitaran hacia lugares peligrosos donde no pertenecían.

Los estándares tienen el mismo propósito para nosotros. Mantienen al enemigo fuera estableciendo pautas que "no den lugar al diablo".

Efesios 4:27
Ni deis lugar al diablo.

También evitan que los miembros del pueblo de Dios se desvíen hacia "lugares peligrosos" estableciendo pautas que están a una distancia segura del daño. Además, los estándares no solo nos protegen, ¡protegen la gloria de Dios!

Isaías 6:3-4
Y el uno al otro daba voces, diciendo: Santo, santo, santo, Jehová de los ejércitos; toda la tierra está llena de su gloria. [4]Y los quicios de las puertas se estremecieron con la voz del que clamaba, y la casa se llenó de humo.

Algo significativo que se debe notar acerca de lo que ocurrió en este pasaje es que las cosas no empezaron a "estremecerse" en la Casa de Dios hasta que hubo una proclamación abierta de la Santidad de Dios. ¡Una vez que los mensajeros comenzaron a clamar "Santo, santo, santo", los quicios se estremecieron ¡y la gloria llenó la casa!

2 Corintios 6:17-18
Por lo cual, salid de en medio de ellos, y apartaos, dice el Señor, y no toquéis lo inmundo; y yo os recibiré, [18]Y seré para vosotros por Padre, y vosotros me seréis hijos e hijas, dice el Señor Todopoderoso.

Pablo afirmó enfáticamente que solo tenemos la promesa de paternidad de Dios siempre y cuando mantengamos una pasión por la pureza. Si no tenemos una semejanza con la santidad de Dios, no podemos reclamar con justicia que somos Sus hijos.

1 Juan 2:15
No améis al mundo, ni las cosas que están en el mundo. Si alguno ama al mundo, el amor del Padre no está en él.

Esta es una declaración profunda. Si el amor por el mundo está presente en nosotros, revela una ausencia del amor de Dios.

Romanos 5:5
Y la esperanza no avergüenza; porque el amor de Dios ha sido derramado en nuestros corazones por el Espíritu Santo que nos fue dado.

Si el amor de Dios está ausente, esto también es un indicador de un problema. Si nos falta el amor de Dios, ¡nos falta el Espíritu de Dios!

Cuanto más llenos estemos del Espíritu Santo, más amaremos a Dios. Cuanto más amemos a Dios, menos amaremos las cosas del mundo. Cuanto menos amemos las cosas del mundo, más reconoceremos la paternidad de Dios en nuestras vidas. Cuanto más reconozcamos Su posición sobre nosotros, más proclamaremos Su santidad. Cuanto más proclamemos Su santidad, más movimiento del Espíritu tendremos. En resumen, mantenemos estándares no solo para mantener al diablo fuera, sino para mantener a Dios dentro de nosotros – ¡y para mantenerlo obrando y moviéndose en nuestras vidas!

A finales de 1800, un poeta llamado Joseph Malins escribió un poema que ilustra la importancia de las cercas. Creo que la mejor manera de cerrar este capítulo (y con ello recalcar la importancia de tener estándares de santidad) es compartiendo este poema.

¿*Una Valla o una Ambulancia*?
(Versión en español del poema de Joseph Malins)
Era un risco peligroso —así se decía—,
aunque andar por su cima era agradable;
mas muchos caían por esa pendiente,
desde el duque hasta quien nada tenía.
La gente insistía: "¡Algo hay que hacer!",

mas el plan no era claro ni exacto:
unos pedían vallar la pendiente,
otros: "¡Una ambulancia abajo, al acto!"
Y fue la ambulancia quien ganó el favor,
el clamor se expandió por la aldea;
"Una valla podría servir... o no",
pero el pueblo lloraba y dolía
por quienes caían del borde fatal,
desde el barrio elegante al más llano.
Y no dieron fondos para un buen vallado,
sino a la ambulancia situada en el llano.
"Si uno es cuidadoso, el risco no es malo",
decían, "y si alguno resbala,
no duele el caer, sino el duro final
cuando el cuerpo al abismo se estalla".
Así, cada día al haber un tropiezo,
acudían con toda prontitud
a levantar a los caídos desde aquel abismo,
con la ambulancia situada en el valle.
Mas un viejo sabio entonces habló:
"Es extraño —dijo—, lo que pasa:
más cuidan la herida que el origen del mal,
cuando es mejor prevenir el peligro.
¡Detengamos la causa de todo este mal!
¡Vecinos, unidos, sin falla!
Si cercamos el risco con firme barrera,
no hará falta ambulancia en el valle".
"¡Es un viejo fanático!", replicó la mayoría,
"¿Sin ambulancia? ¡Jamás en la vida!
También querrá cerrar toda caridad...
¡No, no! ¡Su ayuda es bien recibida!
¿No estamos allí levantando a los caídos?
¿Y él nos viene a dar lecciones? ¡Qué osadía!
¿Para qué construir una cerca costosa
si la ambulancia baja al valle enseguida?"
Pero algunos sensatos, con juicio cabal,
ya no toleran tanta locura.
"Mejor es prevenir que tener que curar",
y su grupo ya toma estructura.

¡Apóyalos tú con tu voz y tu pluma,
y tu bolsa, si puedes, con gallardía!
Mientras otros dudan o miran al cielo,
ellos pondrán la cerca algún día.
Mejor es guiar bien al joven temprano
que rescatar al viejo ya roto.
La voz de la sabia conciencia lo dice:
"Es bueno ayudar al que ha resbalado...
pero mejor es evitar su caída".
Es mejor cerrar la raíz de delito y la tentación
que liberar de las mazmorra o presidio.
Más vale edificar una valla firme en la cima,
que colocar una ambulancia abajo, en la calle.[27]

---

[27] Malins, Joseph, *A Fence or an Ambulance*, 1895 or 1898 (sources uncertain), printed in the Iowa Health Bulletin in 1912.

LEVANTANDO UNA BANDERA

Isaías 59:19
Y temerán desde el occidente el nombre de
Jehová, y desde el nacimiento del sol su gloria;
porque vendrá el enemigo como río, mas el
Espíritu de Jehová levantará bandera contra él.

En el capítulo anterior, señalé la ordenanza de Dios sobre la separación, la importancia de la diferenciación y el significado de lo que representan los estándares de santidad. En este capítulo, quiero ayudarle a comprender las fuentes de donde se originan estos estándares.

Si los estándares se establecen arbitrariamente pueden causar confusión y división en el cuerpo de Cristo. Por supuesto, tal confusión NO proviene de Dios.

1 Corintios 14:33
Pues Dios no es Dios de confusión, sino de paz.
Como en todas las iglesias de los santos.

En tales situaciones, las personas sinceras que desean someterse a los modelos e ideales correctos de la iglesia pueden ser heridas y perder su dirección. El entendimiento de cómo se establecen los estándares le ayudará a evitar esa confusión. Por lo tanto, quiero mostrarle seis principios para establecer estándares piadosos de santidad.

Primer principio, y ante todo, *la Palabra de Dios establece estándares.* Después de todo, la Palabra de Dios es la expresión de la mente de Dios. Nos transmite la voluntad de Dios para toda la humanidad y revela la historia de cómo Dios trata con la humanidad.

Si sabemos cuál es la opinión de Dios con respecto a los asuntos de la vida, no debemos tener ninguna duda acerca de Sus estándares. Este conocimiento de la voluntad de Dios a través de Su Palabra es un gran tesoro para el cristiano.

El conocimiento de los principios establecidos en Su Palabra nos ayuda a definir muchos de los estándares de la iglesia porque estos se encuentran claramente indicados en la Biblia. Otros deben interpretarse mediante una comprensión adecuada los principios de Dios y el uso correcto la Palabra de Verdad. Cuanto más nos dediquemos al estudio diligente de la Biblia, más podremos entender y apreciar los estándares que Dios ha establecido para Su pueblo.

Debemos notar la frecuencia con que la Biblia conecta nuestro amor por Dios con el cumplimiento de las cosas escritas en Su Palabra. Aquí proporciono solo algunos ejemplos:

Juan 14:15
Si me amáis, guardad mis mandamientos.

Juan 14:21
El que tiene mis mandamientos, y los guarda,
ése es el que me ama; y el que me ama, será
amado por mi Padre, y yo le amaré, y me
manifestaré a él.

Juan 14:23-24
"Respondió Jesús y le dijo: El que me ama, mi
palabra guardará; y mi Padre le amará, y
vendremos a él, y haremos morada con él. El
que no me ama, no guarda mis palabras; y la
palabra que habéis oído no es mía, sino del
Padre que me envió."

1 Juan 3:10
"En esto se manifiestan los hijos de Dios, y los
hijos del diablo: todo aquel que no hace justicia,
y que no ama a su hermano, no es de Dios."

1 Juan 3:24
Y el que guarda sus mandamientos,
permanece en Dios, y Dios en él. Y en esto
sabemos que él permanece en nosotros, por el
Espíritu que nos ha dado.

Mencioné que mi plan es enumerar seis formas en que se establecen estándares. Sin embargo, es esencial notar que ¡NINGUNA de las formas restantes puede contradecir, violar o reemplazar la primera! Si la Palabra de Dios establece un estándar, ¡está establecido para siempre!

Salmos 119:89
*Para siempre, oh Jehová, permanece tu
palabra en los cielos.*
Segundo principio, el ***Espíritu de Dios establece
estándares.*** En ocasiones, puede que no entendamos lo que la
Biblia enseña sobre ciertas tecnologías y/o filosofías modernas.
En tales casos, el Espíritu, con frecuencia guiará nuestra mente
hacia ciertos versículos de la Escritura o revelará ciertas cosas
como perjudiciales para nuestro bienestar espiritual. Estos
momentos de exhortación del Espíritu se conocen como
convicción.

Cuando el movimiento pentecostal comenzó en
Norteamérica hace muchos años, la gente no sabía que el tabaco
causaba cáncer. Sin embargo, muchos sintieron convicción del
Espíritu de que estaba mal usar tabaco en cualquier forma,
aunque la Biblia no trata directamente el uso del tabaco. Solo
recientemente se ha demostrado que esta sustancia es dañina y
adictiva para el cuerpo, pero Dios ya había convencido a Su
pueblo sobre ello mucho antes de que nos diéramos cuenta.

De manera similar, Dios lidió con Su pueblo con respecto a
la televisión. Cuando surgió, parecía una herramienta
prometedora de comunicación, y no podíamos razonar que gran
parte de la programación en ese momento fuera dañina. Pero
Dios sabía cómo se deterioraría rápidamente convirtiéndose en
una las herramientas más influyentes que el diablo ha utilizado.
Cuando la televisión se introdujo, muchas personas sintieron
una convicción del Espíritu contra ella. Hoy en día, incluso el
mundo secular reconoce su mala influencia en la sociedad.
Durante años, muchos fueron ridiculizados por oponerse a la
televisión. Ahora, algunos que la aceptaron están comenzando a
combatirla, ya que reconocen también la influencia perjudicial
que ejerce.

Hay momentos en los que el Espíritu persuade a las
personas sobre ciertas prácticas porque Él conoce el resultado
final. Estas personas son sensibles a Dios y reconocen la
necesidad de conformarse a la convicción de su corazón. Incluso
si no compartimos su convicción, debemos tener cuidado de no
descartarla a la ligera ni menospreciar al individuo. Siempre es
bueno respetar las convicciones de los demás.

Romanos 8:14
*"Porque todos los que son guiados por el
Espíritu de Dios, éstos son hijos de Dios."*
Gálatas 5:16
*"Digo, pues: Andad en el Espíritu, y no
satisfagáis los deseos de la carne."*
Gálatas 5:25
*"Si vivimos por el Espíritu, andemos también
por el Espíritu."*

El tercer método de establecer estándares es cuando **el
hombre de Dios establece estándares.** Como prueba,
consideremos el ejemplo de Moisés y los hijos de Israel.

Éxodo 19:12-13
*Y señalarás término al pueblo en derredor,
diciendo: Guardaos, no subáis al monte, ni
toquéis su término. Cualquiera que tocare el
monte, de seguro morirá.* [13]*No lo tocará mano,
porque será apedreado o asaeteado; sea animal
o sea hombre, no vivirá. Cuando suene
largamente la bocina, subirán al monte.*

Hay dos cosas que debemos notar sobre este pasaje.
Primero, Dios dijo que había algunos sitios a los que
simplemente no debemos ir. Segundo, Dios dejó a Moisés la
decisión de dónde residirían los límites. ¿Cómo decides dónde
comienza un monte? Normalmente no surge del suelo con un
ángulo de 45 grados, sino que se eleva gradualmente. Encontrar
el lugar exacto donde comienza un monte sería obviamente una
tarea difícil.

No obstante, Dios dijo que cualquiera que tocara el monte
debía morir. Se dejó a Moisés determinar qué territorio era
"seguro" para quienes lo seguían.

De la misma manera, los pastores en la actualidad deben
tener la libertad de decidir los límites (es decir, los estándares)
para la asamblea que Dios les ha confiado. En ningún caso se le
permite violar lo que la Palabra de Dios ya ha establecido, pero
todo lo que no esté explícitamente declarado en las Escrituras
cae dentro de su autoridad.

Hebreos 13:17
Obedeced a vuestros pastores, y sujetaos a ellos; porque ellos velan por vuestras almas, como quienes han de dar cuenta; para que lo hagan con alegría, y no quejándose, porque esto no os es provechoso.
El hombre de Dios tiene que dar cuenta por tu alma. Él responderá por lo que ha predicado y por lo que no ha predicado.

Ezequiel 33:1-9
Vino a mí palabra de Jehová, diciendo: [2]Hijo de hombre, habla a los hijos de tu pueblo, y diles: Cuando trajere yo espada sobre la tierra, y el pueblo de la tierra tomare un hombre de su territorio, y lo pusiere por atalaya, [3]y él viere venir la espada sobre la tierra, y tocare trompeta, y avisare al pueblo, [4]cualquiera que oyere el sonido de la trompeta y no se apercibiere, y viniendo la espada lo hiriere, su sangre será sobre su cabeza. [5]El sonido de la trompeta oyó, y no se apercibió; su sangre será sobre él. Mas el que se apercibiere, librará su vida. [6]Pero si el atalaya viere venir la espada y no tocare la trompeta, y el pueblo no se apercibiere, y viniendo la espada hiriere de él alguno, éste fue tomado por causa de su pecado, pero demandaré su sangre de mano del atalaya. [7]A ti, pues, hijo de hombre, te he puesto por atalaya a la casa de Israel; oirás, pues, tú la palabra de mi boca, y los amonestarás de mi parte. [8]Cuando yo dijere al impío: Impío, de cierto morirás; si tú no hablares para que se guarde el impío de su camino, el impío morirá por su pecado, pero su sangre demandaré de tu mano. [9]Y si tú avisares al impío de su camino para que se aparte de él, y él no se apartare de su camino, él morirá por su pecado, pero tú libraste tu vida.

El apóstol Pablo emitió una seria advertencia al atalaya. Les instruyó a "mirad" por el rebaño, recordándoles que estas personas fueron compradas ¡con la sangre de Cristo!

Hechos 20:28

> *Por tanto, mirad por vosotros, y por todo el rebaño en que el Espíritu Santo os ha puesto por obispos, para apacentar la iglesia del Señor, la cual él ganó por su propia sangre.*

Asimismo, el apóstol Pedro exhortó firmemente a los hombres de Dios sobre cómo lidiar con los santos que les han sido confiados. Quería que siempre tuvieran en mente que estas preciosas personas son el rebaño de Dios y deben ser tratadas como tal.

1 Pedro 5:1-3

> *Ruego a los ancianos que están entre vosotros, yo anciano también con ellos, y testigo de los padecimientos de Cristo, que soy también participante de la gloria que será revelada: ²Apacentad la grey de Dios que está entre vosotros, cuidando de ella, no por fuerza, sino voluntariamente; no por ganancia deshonesta, sino con ánimo pronto; ³no como teniendo señorío sobre los que están a vuestro cuidado, sino siendo ejemplos de la grey.*

Como tu pastor entiende estos principios, él vela por tu alma con gran cuidado y precaución. Porque él tiene la supervisión del rebaño, establecerá amorosa y piadosamente estándares para su congregación.

Un pastor conoce a su gente. Él sabe qué cosas pueden manejar y qué cosas serían tropiezos para ellos. Por lo tanto, debe tener la capacidad de establecer estándares dentro de la asamblea local.

Por tal razón, los santos no deben cuestionar (ni juzgar) cuando visitan otra asamblea con estándares ligeramente diferentes a los de su iglesia local. Deben entender que Dios los colocó bajo la guía de un atalaya piadoso y cuidadoso que comprende lo que es mejor para ellos. Otro hombre de Dios puede establecer límites en un lugar diferente porque conoce a su rebaño, y cada congregación es distinta.

¡Esto NO significa, por supuesto, que un pastor pueda ignorar los límites CLAROS establecidos por la Biblia! Estamos hablando de cosas que NO están específicamente declaradas en los preceptos bíblicos. Por ejemplo, un pastor puede fijar la longitud de las mangas entre el codo y la muñeca, mientras que otro la pone EN la muñeca. ¿Está uno equivocado y el otro en lo correcto? ¡NO! Como discutiremos en otro capítulo, el estándar bíblico es "modesto", y se le suministra al pastor local la libertad de determinar dónde está esa línea de modestia (dentro de ciertos parámetros que se definirán más adelante).

Lo importante es recordar que no estamos en competencia con otra iglesia. ¡Ni siquiera se supone que debamos hacer comparaciones con otras iglesias! (Ver 2 Corintios 10:12.)

El siguiente método para establecer estándares puede sorprender a algunos, pero es cierto: **la tradición establece estándares.**

Aunque muchas personas que han salido de denominaciones formales recelan las tradiciones, es bueno mantener muchas de las tradiciones. Sabemos esto por los escritos de Pablo.

2 Tesalonicenses 2:15
   Así que, hermanos, estad firmes, y retened la
   doctrina que habéis aprendido, sea por palabra,
   o por carta nuestra.

En este versículo, Pablo exhortó a los cristianos a "retener la doctrina que habéis aprendido". Reiteró esto en el siguiente capítulo.

2 Tesalonicenses 3:6
   Pero os ordenamos, hermanos, en el nombre
   de nuestro Señor Jesucristo, que os apartéis de
   todo hermano que ande desordenadamente, y no
   según la doctrina que recibieron de nosotros.

Aquí, les enseñó que se "apartaran" de aquellos que se negaban a seguir las tradiciones piadosas transmitidas por sus ancianos. El gran apóstol sabía que estas tradiciones no habían sido creadas indiscriminadamente, sino con oración. Los ancianos tenían una razón para las cosas que establecieron, y esas pautas no debían abandonarse a la ligera.

Pablo dijo estas cosas no tan solo a la iglesia en Tesalónica, sino también escribió algo muy similar a Corinto.

1 Corintios 11:2

Os alabo, hermanos, porque en todo os
acordáis de mí, y retenéis las instrucciones tal
como os las entregué.

Él alabó a los corintios por guardar las instrucciones (literalmente, tradiciones) tal como se las había entregado. La versión *English Standard* dice: "Ahora los felicito porque se acuerdan de mí en todo y mantienen las tradiciones tal como se las entregué".[28] La versión *God's Word* dice: "Los alabo por pensar siempre en mí y por seguir cuidadosamente las tradiciones que les transferí".[29]

Recuerde que la iglesia en Corinto estaba llena de problemas que el apóstol tuvo que abordar. Estos problemas abarcaban desde "grupismos" (capítulos 1-3), hasta inmoralidad (capítulo 5), incredulidad sobre la resurrección de los muertos (capítulo 15), ¡y mucho más! A pesar de esto, dijo que había una cosa por la cual los elogiaba. Esa cosa era que se aferraban a las tradiciones que él había establecido entre ellos.

Daniel no quiso comer la carne del rey porque era una tradición legal en Israel no comer carne ofrecida a los ídolos. Los recabitas no bebían vino porque era una tradición en su familia.

Jeremías 35:14

Fueron firmes las palabras de Jonadab hijo
de Recab, el cual mandó a sus hijos que no
bebiesen vino; y no lo han bebido hasta hoy, por
obedecer el mandamiento de su padre. Pero yo
os he hablado a vosotros, madrugando y
hablando, y no me habéis oído."

Dios usó esto para condenar a Israel porque estas personas eran más estrictas en guardar la tradición de su familia que la nación de Israel en guardar los preceptos de Dios.

En la iglesia pueden establecerse algunos estándares que no son tratados específicamente en las Escrituras, pero han sido tradiciones de mucho tiempo. No debemos desacreditar rápidamente tales estándares tradicionales. Recuerde que generalmente se ha dedicado mucho tiempo, consideración y

---

[28] *The Holy Bible: English Standard Version,* Crossway Books, 2001.

[29] *God's Word Translation,* Baker Books, 2010.

oración en la decisión de adoptar tal postura. Estas tradiciones generalmente se han construido sobre el fundamento de algún principio de Dios y no deben ser tomadas a la ligera.

Proverbios 11:14
Donde no hay dirección sabia, caerá el
pueblo; mas en la multitud de consejeros hay
seguridad.

Hay seguridad en la multitud de consejeros piadosos. Es sabio reverenciar y respetar los estándares que se han convertido en tradiciones de mucho tiempo.

Otro método para establecer estándares es que **la cultura establece estándares**. Por ejemplo, en algunas culturas, encender una vela en la iglesia significa orar por los muertos. En esas áreas, sería inapropiado tener un servicio con velas. Aquellos que provienen de este trasfondo cultural podrían confundirse y ser tentados a comenzar a orar por sus muertos nuevamente.

Pablo trató con estos mismos problemas con respecto a comer carne ofrecida a los ídolos tanto en su primera carta a los corintios como en su carta a los romanos. En estos pasajes, señaló que la cultura misma dictaba ciertos estándares que la iglesia debía establecer para mantenerse por encima del reproche.

1 Corintios 8:4
Acerca, pues, de las viandas que se sacrifican
a los ídolos, sabemos que un ídolo nada es en el
mundo, y que no hay más que un Dios."

1 Corintios 8:7-12
Pero no en todos hay este conocimiento;
porque algunos, habituados hasta aquí a los
ídolos, comen como sacrificado a ídolo, y su
conciencia, siendo débil, se contamina. ⁸Si bien
la vianda no nos hace más aceptos ante Dios;
pues ni porque comamos seremos más, ni
porque no comamos seremos menos. ⁹Pero
mirad que esta libertad vuestra no venga a ser
tropezadero para los débiles. ¹⁰Porque si alguno
te ve a ti, que tienes conocimiento, sentado a la
mesa en un lugar de ídolos, la conciencia de

aquel que es débil, ¿no será estimulada a comer de lo sacrificado a los ídolos? [11]Y por el conocimiento tuyo, se perderá el hermano débil por quien Cristo murió. [12]De esta manera, pues, pecando contra los hermanos e hiriendo su débil conciencia, contra Cristo pecáis."
Romanos 14:7
Porque ninguno de nosotros vive para sí, y ninguno muere para sí."
Romanos 14:10
Pero tú, ¿por qué juzgas a tu hermano? O tú también, ¿por qué menosprecias a tu hermano? Porque todos compareceremos ante el tribunal de Cristo."

Hoy enfrentamos los mismos problemas. Ciertos grupos y estilos de vida no deseables a menudo están asociados con un código de vestimenta, peinado o comportamiento particular. Cuando esto ocurre en cualquier cultura, la única manera de evitar ser identificado con ese grupo es evitar los elementos que los caracterizan. Al evitar esa identificación, se hacen evidentes ciertos estándares culturales.

La forma final en que se establecen los estándares de santidad es cuando **el individuo establece estándares**. Esto NO significa que tenemos el derecho (ni la autoridad) de establecer nuestros propios estándares violando los establecidos por los otros métodos. Este método está reservado para cosas NO abordadas por los otros métodos.

Todo cristiano debe tener ciertas convicciones que se ajusten a su propia vida. Algunas personas han descubierto que desean con demasiada intensidad ciertas cosas, como el café o refrescos. Sintieron que no debían permitir que esas cosas controlaran sus vidas y las dejaron por autodisciplina. Aunque esto es encomiable, no deben esperar que todos los demás adopten su estándar personal.

Es incorrecto imponer nuestros estándares a los demás. Además, ridiculizar las convicciones de otro (o la falta de ellas) es cruel y poco cristiano.

1 Corintios 8:13
Por lo cual, si la comida le es a mi hermano
ocasión de caer, no comeré carne jamás, para
no poner tropiezo a mi hermano.

Debemos aprender a respetar los estándares individuales
que nuestros hermanos y hermanas en el Señor han establecido
para sí mismos. Nunca intentes disuadirlos o desanimarlos de
seguir verdaderas convicciones dadas por Dios.

Cuando se trata de establecer estándares individuales,
examinemos detenidamente lo que consideramos nuestras
convicciones. Al hacerlo, debemos determinar sobre qué nos ha
hablado el Espíritu. Debemos ser honestos. Debemos considerar
qué efecto tendrá en nuestros compañeros cristianos. Debemos
determinar si Dios o nosotros mismos recibiremos la gloria.
¿Nos hará el estándar más espirituales y útiles? Si es así, sin
duda, vivamos conforme a él.

Habiendo establecido las formas en que se establecen los
estándares, creo que sería bueno utilizar el resto de este capítulo
para resumir los motivos por los que los estándares son
importantes en nuestras vidas. Este conocimiento debería
ayudarnos a apreciar los estándares de santidad – o, al menos, a
no resentirlos.

Los estándares de santidad muestran al mundo que Dios
está obrando en el mundo. Para Noé, ese estándar fue construir
un arca y predicar justicia. Su fe condenó al mundo, y llegó a ser
heredero de la justicia que es por la fe.

Los estándares de santidad apuntan a los hombres hacia
Cristo. Muestran al mundo que somos hijos de Dios – el pueblo
único de Dios – cuya santidad nos ha sido impartida.

Por otro lado, son perjudiciales si solo apuntan a una actitud
de "más santo que tú". ¡Como ya se ha dicho, Dios aborrece esa
actitud!

Isaías 65:5
Los que dicen: Estate en tu lugar, no te
acerques a mí, porque soy más santo que tú.
Estos son humo en mi nariz, fuego que arde todo
el día.

Mateo 23:1-7

Entonces habló Jesús a la gente y a sus discípulos, 2diciendo: En la cátedra de Moisés se sientan los escribas y los fariseos. 3Así que, todo lo que os digan que guardéis, guardadlo y hacedlo; mas no hagáis conforme a sus obras, porque dicen, y no hacen. 4Porque atan cargas pesadas y difíciles de llevar, y las ponen sobre los hombros de los hombres; pero ellos ni con un dedo quieren moverlas. 5Antes, hacen todas sus obras para ser vistos por los hombres; pues ensanchan sus filacterias, y extienden los flecos de sus mantos; 6y aman los primeros asientos en las cenas, y las primeras sillas en las sinagogas, 7y las salutaciones en las plazas, y que los hombres los llamen: Rabí, Rabí."

Cristo reprendió abiertamente a los fariseos por sus estándares superficiales. Los estándares no son un fin en sí mismos. Cuando eso ocurre, nos volvemos culpables del cargo de legalismo que el mundo nos impone. No debemos ser legalistas.

Los estándares no nos salvan. ¡Sin embargo, la falta de ellos nos condenará!

Hebreos 12:14

Seguid la paz con todos, y la santidad, sin la cual nadie verá al Señor."

Los estándares de santidad son herramientas para dirigir la atención hacia las cosas correctas. Dan dirección y orden a nuestras vidas y nos ayudan a vivir una vida que nos conducirá a la salvación.

Mantengamos una actitud adecuada hacia el propósito de los estándares. Cuando lo hacemos, los apreciaremos mucho más.

Los estándares de santidad no solo sirven como una cerca que nos mantiene alejados del mundo, sino que también son las "cercas vigilantes" de Dios, que mantienen al mundo fuera de nosotros. Ayudan a protegernos de los enemigos de nuestras almas, permitiéndonos vivir una vida más pacífica y de calidad en el Espíritu de Dios. ¡Solo entonces podremos verdaderamente aprender a disfrutar de la vida abundante que nos trajo Jesucristo!

PRESENTAD VUESTROS CUERPOS

1 Corintios 3:16-17
¿No sabéis que sois templo de Dios, y que el
Espíritu de Dios mora en vosotros? *[17]Si alguno*
destruyere el templo de Dios, Dios le destruirá a
él; porque el templo de Dios, el cual sois
vosotros, santo es.

Una porción considerable de los primeros cinco libros de la Biblia contiene instrucciones explícitas sobre el uso adecuado del Tabernáculo. Si hay un mensaje que se reitera en esos libros, es que la Casa de Dios era santa. Como tal, debía mostrarse reverencia, respeto y el máximo cuidado.

Además, cuando los filisteos tomaron posesión del Arca del Pacto (que pertenecía al Tabernáculo), se vieron continuamente plagados de enfermedades inusuales y mortales. (Ver 1 Samuel 6.) Cuando Uza tocó el arca, cayó muerto. (Ver 2 Samuel 6.) Cuando Belsasar bebió de los vasos sagrados, selló su destino, y el pronunciamiento de su juicio fue escrito para que todos lo vieran. (Ver Daniel 5.)

Todos estos hechos sirven como ejemplos de la verdad de que Dios no permitirá el abuso de las cosas santas. Por lo tanto, cuando nuestros cuerpos han sido santificados por la presencia de Dios que mora en nosotros, el Señor ciertamente se preocupa por cómo los tratamos.

1 Corintios 3:16-17
¿No sabéis que sois templo de Dios, y que el
Espíritu de Dios mora en vosotros? *[17]Si alguno*
destruyere el templo de Dios, Dios le destruirá a
él; porque el templo de Dios, el cual sois
vosotros, santo es.

Pablo les dijo a los corintios que los cristianos son el templo de Dios. Luego dijo de manera más especifica que es vuestro cuerpo el que es templo del Espíritu Santo.

1 Corintios 6:19-20

¿O ignoráis que vuestro cuerpo es templo del Espíritu Santo, el cual está en vosotros, el cual tenéis de Dios, y que no sois vuestros? ²⁰*Porque habéis sido comprados por precio; glorificad, pues, a Dios en vuestro cuerpo y en vuestro espíritu, los cuales son de Dios.*

Debemos glorificar a Dios en nuestros cuerpos y en nuestros espíritus, los cuales pertenecen a Dios y están reservados para Sus propósitos santos. Esta verdad es tan importante para Dios que El prometió destruir a cualquiera que contamine Su templo.

Todo cristiano sincero debería hacerse las siguientes preguntas: "¿De qué maneras es posible contaminar mi cuerpo? ¿Qué pasos de acción puedo tomar para purificar el templo? ¿Contaminar el templo es puramente una cuestión espiritual, o es posible que el templo sea contaminado por acciones físicas?"

El alcance de las palabras del apóstol Pablo en 1 Corintios capítulo seis es que el templo se contamina por impureza moral. Si bien la raíz de la impureza moral es una cuestión espiritual, en última instancia se manifiesta en el cuerpo. Pablo dijo que una persona que comete fornicación con una ramera se convierte en una sola carne con ella.

1 Corintios 6:15-18

¿No sabéis que vuestros cuerpos son miembros de Cristo? ¿Quitaré, pues, los miembros de Cristo y los haré miembros de una ramera? ¡De ningún modo! ¹⁶*¿O no sabéis que el que se une con una ramera, es un cuerpo con ella? Porque dice: Los dos serán una sola carne.* ¹⁷*Pero el que se une al Señor, un espíritu es con él.* ¹⁸*Huid de la fornicación. Cualquier otro pecado que el hombre cometa, está fuera del cuerpo; mas el que fornica, contra su propio cuerpo peca.*

El principio es que la contaminación empieza en el espíritu, pero su manifestación final será en la carne. Hay inmundicia de la carne *y* del espíritu, y debemos limpiarnos de ambas.

2 Corintios 7:1

*¡Así que, amados, puesto que tenemos tales
promesas, limpiémonos de toda contaminación
de carne y de espíritu, perfeccionando la
santidad en el temor de Dios!*

¿Cuál debería ser la actitud del cristiano hacia pecados
carnales tales como beber, fumar y abusar de drogas (entre otras
cosas)? ¿Son estas cuestiones puramente físicas, o son pecados
espirituales los que les dan origen?

Marcos 7:20-23
*Pero decía, Que lo que del hombre sale, eso
contamina al hombre. [21]Porque de dentro, del
corazón de los hombres, salen los malos
pensamientos, los adulterios, las fornicaciones,
los homicidios, [22] los huertos, las avaricias, las
maldades, el engaño, la lascivia, la envidia, la
maledicencia, la soberbia, la insensatez. [23]Todas
estas maldades de dentro salen, y contaminan al
hombre.*

Es claro por las Escrituras que el pecado necesita un cuerpo
para expresarse. Esto ocurre cuando los miembros del cuerpo se
entregan a prácticas pecaminosas.

Romanos 6:12-13
*No reine, pues, el pecado en vuestro cuerpo
mortal, de modo que lo obedezcáis en sus
concupiscencias; [13]ni tampoco presentéis
vuestros miembros al pecado como instrumentos
de iniquidad, sino presentaos vosotros mismos a
Dios como vivos de entre los muertos, y vuestros
miembros a Dios como instrumentos de
justicia."*

Romanos 6:16
*"¿No sabéis que si os sometéis a alguien como
esclavos para obedecerle, sois esclavos de aquel
a quien obedecéis, sea del pecado para muerte,
o sea de la obediencia para justicia?"*

Entonces, es posible pecar con el cuerpo. Pecar no es solo
una cuestión de actitudes o pensamientos erróneos, aunque estos
están incluidos. Se puede pecar con los ojos, oídos, manos, pies,
mente, boca o cualquier otro miembro del cuerpo.

Jesús reconoció los efectos devastadores de los pecados cometidos por los miembros del cuerpo. Advirtió con firmeza que sería mejor perder una mano, un pie o un ojo que sufrir los fuegos eternos del infierno.

Marcos 9:43-48

Si tu mano te fuere ocasión de caer, córtala; mejor te es entrar en la vida manco, que teniendo dos manos ir al infierno, al fuego que no puede ser apagado, [44]donde el gusano de ellos no muere, y el fuego nunca se apaga. 45Y si tu pie te fuere ocasión de caer, córtalo; mejor te es entrar cojo en la vida, que teniendo dos pies ser echado en el infierno, al fuego que no puede ser apagado, [46]donde el gusano de ellos no muere, y el fuego nunca se apaga. [47]Y si tu ojo te fuere ocasión de caer, sácalo; mejor te es entrar en el reino de Dios con un ojo, que teniendo dos ojos ser echado al infierno, [48]donde el gusano de ellos no muere, y el fuego nunca se apaga.

Los cristianos deben examinar sus hábitos físicos para asegurarse de que no estén participando en prácticas pecaminosas. Ya que es posible pecar con el cuerpo, y dado que el cuerpo del creyente es templo de Dios, debemos limpiarnos de la inmundicia de la carne conforme al mandamiento de Dios.

En las páginas siguientes, quiero tratar algunas áreas específicas de interés. Estas no son las únicas, pero sí algunas de las más comunes.

• Beber

Proverbios 20:1

El vino es escarnecedor, la sidra alborotadora, Y cualquiera que por ellos yerra no es sabio.

Hay tres categorías de referencias al vino o a beber en las Escrituras. En algunos lugares donde se menciona el vino, no se defiende ni se condena. En otras ocasiones, se identifica como una fuente de miseria y/o como un símbolo de la ira de Dios.

También hay pasajes donde el vino se presenta como una bendición junto con cosas como el trigo y el pan.

Algunos movimientos religiosos permiten en la actualidad (o incluso fomentan) el uso de bebidas que contienen alcohol con moderación. Sin embargo, un examen cuidadoso de las Escrituras revelará que nunca se habla favorablemente de beber bebidas alcohólicas, y el participar de tales bebidas en cualquier cantidad es perjudicial para el cuerpo humano. Los embriagantes envenenan o inundan el cuerpo de toxinas. Envenenar intencionalmente nuestro cuerpo es un abuso del templo de Dios. Por estas razones, beber es sin duda una práctica pecaminosa ante los ojos de Dios, incluso cuando se hace con moderación.

Aquellas referencias al vino que caen bajo la primera categoría mencionada no pueden utilizarse para respaldar el consumo. La Escritura menciona a menudo prácticas sin condenarlas ni aprobarlas como parte de un contexto más amplio de acciones humanas.

Las referencias en la segunda categoría claramente condenan el uso del vino en cualquier cantidad. Una de esas denuncias del vino fue escrita por Salomón, a quien Dios había bendecido con gran sabiduría.

Proverbios 23:29-35
¿Para quién será el ay? ¿para quién el dolor? ¿para quién las rencillas? ¿para quién las quejas? ¿para quién las heridas en balde? ¿para quién lo amoratado de los ojos? [30]Para los que se detienen mucho en el vino, Para los que van buscando la mistura. [31]No mires al vino cuando rojea, Cuando resplandece su color en la copa. Se entra suavemente; [32]Mas al fin como serpiente morderá, Y como áspid dará dolor. [33]Tus ojos mirarán cosas extrañas, Y tu corazón hablará perversidades. [34]Serás como el que yace en medio del mar, O como el que está en la punta de un mástil. [35]Y dirás: Me hirieron, mas no me dolió; Me azotaron, mas no lo sentí; Cuando despertare, aún lo volveré a buscar.

Este pasaje describe gráficamente las dolencias de beber bebidas embriagantes. El resultado seguro es tristeza, dolor, contienda, lujuria, charla insensata y heridas. El alcohol no produce buenos resultados. Rompe las barreras morales y causa que una persona diga cosas que nunca diría de otra manera. Una persona que bebe frecuentemente se pone en peligro de muerte inmediata debido a los efectos de la intoxicación, sin mencionar los resultados adictivos a largo plazo del alcohol.

Isaías 5:11

¡Ay de los que se levantan de mañana para seguir la embriaguez; que se están hasta la noche, hasta que el vino los enciende!

Isaías 28:7

Pero también estos erraron con el vino, y con sidra se entontecieron; el sacerdote y el profeta erraron con sidra, fueron trastornados por el vino, se aturdieron con la sidra; erraron en la visión, tropezaron en el juicio.

Estos versículos muestran la naturaleza adictiva de las bebidas embriagantes y el hecho de que quienes las consumen errarán en su juicio. La razón por lo que ocurre esto es porque sus sentidos se contaminan.

La tercera categoría de referencias lleva a algunos a justificar las bebidas alcohólicas, a menudo con la intención esperanzada de beber con moderación. No hay manera de saber cuántos han caído en la trampa traicionera de la embriaguez comenzando con: "¡Después de todo, ¿no le dijo Pablo a Timoteo que tomara un poco de vino por causa de su estómago?"

Es importante entender que en las Escrituras se mencionan dos tipos de vino. Como dijo William Patton en su obra *Bible Wines or Laws of Fermentation And Wines of the Ancient*, "Había... dos tipos de vino que se usaban en la antigüedad. Uno era dulce, agradable, refrescante, no fermentado; el otro era excitante, ardiente, embriagador. A ambos se les llamaba vino"[30].

Patton documentó meticulosamente el hecho de que las bebidas no fermentadas, llamadas vinos, existían y eran comúnmente utilizadas por los antiguos. Él ofrece abundante

---

[30] Patton, William, *The Laws of Fermentation and the Wines of the Ancients*, National Temperance Society and Publication House, 1872.

prueba de la naturaleza genérica de las dos palabras hebreas, *yayin* y *shakar*.[31]

Yayin (traducido en la RVR como "vino") "denota el jugo de uva, o el líquido que produce el fruto de la vid. Esto puede ser nuevo o viejo, dulce o agrio, fermentado o no fermentado, embriagante o no embriagante".[32]

Shakar (traducido como "sidra") "significa 'bebida dulce' extraída de frutas distintas de la uva, y bebida en estado fermentado o sin fermentar".[33]

Estas dos palabras son genéricas. La Escritura las utiliza para referirse tanto a bebidas fermentadas como no fermentadas. El contexto determina qué significado es el que se procura.

Existen otras palabras hebreas relevantes que siempre tienen el mismo significado. Una de las más comunes es *tirosh* (traducida como "vino", "vino nuevo" o "vino dulce"). Este "vino" es una bebida no fermentada. El término generalmente se refiere al jugo de algo distinto de la uva, por ejemplo, el maíz y aceitunas.

El Nuevo Testamento utiliza una palabra griega genérica, *oinos*, que corresponde exactamente a *yayin* en el Antiguo Testamento. También designa el jugo de la uva en todas sus etapas. El contexto debe determinar si se refiere a una bebida fermentada o no.

La palabra inglesa "wine" proviene del latín *vinum* (o *vinus*), que equivale al griego *oinos*. La palabra latina es genérica, refiriéndose al jugo de uva en todas sus formas. Este concepto fue trasladado al inglés con la palabra *wine*. Durante la era en que se tradujo la Biblia Reina-Valera (basada en textos del mismo período que la KJV), ese significado era universalmente aceptado. Los diccionarios más recientes definen *wine* [vino] exclusivamente como una bebida fermentada, pero debemos tener cuidado de no aplicar el uso moderno de una palabra de manera retroactiva a una traducción de hace 400 años.

En su *System of Logic* ,John Stuart Mill describe el motivo del desarrollo del significado restringido de la palabra *wine*

---

[31] *Ibid*

[32] *Ibid*

[33] *Ibid*

[vino] para referirse sólo a líquido fermentado.· "Un término genérico siempre corre el riesgo de limitarse a una sola especie si la gente tiene ocasión de pensar y hablar de esa especie con más frecuencia que de cualquier otra contenida en el género. La marea de la costumbre primero arrastra la palabra al extremo de un significado particular, luego se retira y la deja allí". [34] En otras palabras, es común que un término genérico termine usándose exclusivamente con un significado específico, y no en el concepto más amplio originalmente previsto. Tal es el caso de la palabra "vino". Aunque antes se refería a CUALQUIER líquido exprimido de uvas, hoy la palabra es más limitada.

Entonces, ¿qué quiso decir Pablo cuando le dijo a Timoteo, "Ya no bebas agua, sino usa de un poco de vino por causa de tu estómago y de tus frecuentes enfermedades"? (1 Timoteo 5:23). ¿Le ordenó Pablo a Timoteo que se entregara al vino fermentado por el bien de su débil estómago? Tal prescripción parecería precisamente errónea si se tratara de vino fermentado. De hecho, los vinos fermentados de esa época producían "dolores de cabeza, hidropesía, locura y problemas estomacales". [35] Pero al mismo tiempo, existían vinos no fermentados que eran "sumamente saludables y útiles para el cuerpo". [36]

Pablo, quien anteriormente había dicho que un obispo no debe ser dado al vino (1 Timoteo 3:3), conocía el mal inherente del vino fermentado según la ley ("el vino es escarnecedor"). No le habría recomendado a Timoteo una sustancia tan peligrosa y prohibida como sustituto del agua.

Algunos argumentan a favor del uso moderado del alcohol basándose en un malentendido de Efesios 5:18: "No os embriaguéis con vino, en lo cual hay disolución…". Señalan que no se debe beber en exceso, o tomar hasta embriagarse.

Sin embargo, el significado literal de la palabra griega traducida como exceso "disolución" es "disipación o desenfreno". En este caso, la palabra no se refiere a la cantidad sino a lo que está inherentemente presente en el vino fermentado.

---

[34] Mill, John Stuart, *System of Logic,* Baptist Missionary Press, 1821.

[35] Patton, William, *The Laws of Fermentation and the Wines of the Ancients,* National Temperance Society and Publication House, New York, 1872.

[36] *Ibid*

La frase "en lo cual hay" revela que la "disolución" está en el vino. En otras palabras, el uso del vino fermenta desenfrena. La palabra "disipar" se define como: "1. Desvanecer; evaporar; 2. Desperdiciar, malgastar ; despilfarrar 3. Usar de forma imprudente; esfumar; 4. Condensar (energía, como el calor) de forma irreversible".[37] Según la Dra. Amanda N. McDonald, "No hay un nivel 'seguro' designado para el consumo de alcohol".[38]Otro profesional escribió: "Tan pronto como alguien toma un sorbo de alcohol, éste comienza a entrar en su torrente sanguíneo".[39] Se podría decir que el primer trago ya intoxica. Después de eso, la embriaguez es sólo cuestión del a qué grado.

Consideremos las siguientes estadísticas:

o Aproximadamente 178,000 personas mueren cada año debido al consumo excesivo de alcohol. Estas muertes ocurren tanto por beber en exceso en una sola ocasión como por beber durante años.[40]

o Diariamente, alrededor de 37 personas en Estados Unidos mueren en accidentes de tránsito relacionados con conductores ebrios — eso equivale a una persona cada 39 minutos. En 2022, 13,524 personas murieron en accidentes de tráfico por conducción bajo los efectos del alcohol. Todas estas muertes eran prevenibles.[41]

o Aproximadamente 90% de los embarazos no deseados resultan de inhibiciones producidas por el alcohol. Cerca el 36% de las víctimas de suicidio tienen

---

[37] Wordnik.com, https://www.wordnik.com/words/dissipate

[38] Northwestern Medicine, https://www.nm.org/healthbeat/healthy-tips/alcohol-and-the-brain, Updated November, 2023.

[39] Richards, Louisa, and Cynthia Taylor Chavoustie, MPAS, PA-C, Medical News Today, https://www.medicalnewstoday.com/articles/how-many-drinks-does-it-take-to-get-drunk, Updated September 26, 2023.

[40] Centers for Disease Control, *Facts About U.S. Deaths from Excessive Alcohol Use,* https://www.cdc.gov/alcohol/facts-stats/index.html

[41] ational Highway Safety Administration, *Drunk Driving,* https://www.nhtsa.gov/risky-driving/drunk-driving

antecedentes de abuso de alcohol o estaban bebiendo poco antes de quitarse la vida.[42] La persona que rechaza beber nunca tendrá que preocuparse de beber en exceso. Nunca será culpable de haberse embriagado, y vivirá una vida libre de los estragos del licor.

• Fumar

Existe bastante documentación acerca de que fumar contribuye al cáncer de pulmón, boca y labios. Tan convincente es la evidencia que el Cirujano General de Estados Unidos logró que se colocara una advertencia en cada uno de los paquetes de cigarrillos y en toda publicidad de cigarrillos. ¡Esto ocurrió en 1965!

No le quede la menor duda: el tabaco es un narcótico que crea hábito. Entre los investigadores imparciales, no hay discusión ni duda sobre los efectos devastadores que el fumar provoca en el cuerpo humano.

Muchos hombres fieles a Dios adoptaron una firme postura contra el uso del tabaco muchos años antes de que la investigación médica determinara su peligro. ¿Cómo tuvieron la previsión de evitar esta práctica peligrosa? El Espíritu claramente los guio a tomar esta postura. Sin embargo, no hay duda de que buscaban algún principio bíblico que pudieran usar para verificar el carácter pecaminoso de esta práctica.

Aunque no hay un versículo que diga: "No fumarás," hay muchos versículos en las Escrituras que nos instruyen a no caer bajo el poder de ninguna sustancia. Un cristiano debe incluso resistir el caer bajo el poder de cosas que podrían considerarse "prácticas lícitas".

1 Corintios 6:12

Todas las cosas me son lícitas, mas no todas convienen; todas las cosas me son lícitas, mas yo no me dejaré dominar de ninguna.

Este versículo prohíbe claramente que cualquier hijo de Dios se vuelva adicto a cualquier sustancia. Dios no quiere que

---

[42] Mitchell, Ben, *The Works of the Flesh (Galatians 5:19)*, published by the Christian Life Commission of the Southern Baptist Convention, Nashville, TN [date unknown].

nada dicte nuestras vidas aparte de Él. La Sociedad Americana del Cáncer afirma: "Los estudios han encontrado que la adicción a la nicotina puede ser tan fuerte como la adicción a sustancias como la cocaína y el alcohol. De hecho, para algunas personas el tabaco puede ser aún más difícil de dejar".[43]

Como el primer versículo de este capítulo lo señala, Dios juzgará a cualquiera que contamine el templo de Dios (ver 1 Corintios 3:16-17). No hay duda de que el tabaco contamina el cuerpo, el cual es Su templo. El uso del tabaco recubre los pulmones de resina, promueve diversas enfermedades, incluyendo cáncer, y le despoja al fumador de vitalidad, agilidad y años de vida.

Se ha informado que "más de 16 millones de estadounidenses viven con una enfermedad causada por el tabaco. En todo el mundo, el tabaco causa más de 7 millones de muertes al año. En promedio, los fumadores mueren 10 años antes que aquellos que no fuman".[44]

¿Habría aprobado Dios que un vándalo entrara al Lugar Santísimo en el Tabernáculo y pintara el Arca del Pacto con una brocha llena de resina? ¡Por supuesto que no! Tampoco aprobaría que su hijo contamine el templo de su cuerpo.

Considere además los efectos del humo de segunda mano. "La inhalación del humo de otras personas causa que usted respire estas toxinas. El humo proveniente de un cigarrillo, puro o pipa encendida no está filtrado, y puede contener aún más toxinas dañinas que el humo que el fumador exhala. El humo del tabaco contiene más de 7,000 químicos. Se sabe que alrededor de 69 de estos químicos son causantes de cáncer (carcinógenos). Aproximadamente 250 de los químicos son conocidos por ser dañinos para tu salud".[45] Por lo tanto, las personas que fuman no

---

[43] American Cancer Society, *Why People Start Smoking and Why its Hard to Stop*, https://www.cancer.org/cancer/risk-prevention/tobacco/guide-quitting-smoking/why-people-start-using-tobacco.html

[44] Johns Hopkins Medicine, *5 Vaping Facts You Need to Know,* https://www.hopkinsmedicine.org/health/wellness-and-prevention/5-truths-you-need-to-know-about-vaping

[45] Cleveland Clinic, *Second Hand Smoke,* https://my.clevelandclinic.org/health/articles/10644-secondhand-smoke-dangers

solo están dañando su PROPIO cuerpo-templo, sino que causan tal vez ¡aún MÁS daño a los templos de otras personas! El humo de segunda mano "causa anualmente más de 7,000 muertes por cáncer de pulmón en personas no fumadoras. Y causa un total de 41,000 muertes adicionales por año. También puede causar enfermedades pulmonares y del corazón".[46]

En 1 Corintios 6, Pablo hace una declaración fascinante. Por favor, preste atención a cómo conecta lo que se hace en el cuerpo con lo que transcurre en nuestro espíritu.

1 Corintios 6:15-17

¿No sabéis que vuestros cuerpos son miembros de Cristo? ¿Quitaré, pues, los miembros de Cristo y los haré miembros de una ramera? ¡De ningún modo! [16]*¿O no sabéis que el que se une con una ramera, es un cuerpo con ella? Porque dice: Los dos serán una sola carne.* [17]*Pero el que se une al Señor, un espíritu es con él.*

El apóstol argumenta que nuestras acciones carnales tienen consecuencias espirituales directas. Las prácticas impías en las que participa un cristiano afectan en realidad a todo el cuerpo de Cristo. Afirmo que así como la fornicación "une los miembros de Cristo" al objeto de ese pecado, también el uso del tabaco "une" sus miembros a los contenidos viles administrados al usuario. Tales individuos no solo se contaminan a sí mismos, sino que, por extensión, contaminan a sus hermanos y hermanas en el Señor.

Dicha contaminación, por cierto, ocurre sin importar el método de consumo. Ya sea puros, cigarrillos, tabaco de mascar o vapeo, la introducción de carcinógenos, productos químicos adictivos y otros ingredientes dañinos causará perjuicio a nuestra salud. Dios seguramente juzgará a quienes contaminen Su templo.

Con respecto al vapeo, cabe señalar que "El líquido usado en los cigarrillos electrónicos generalmente contiene sustancias

---

[46] Johns Hopkins Medicine, *Smoking and Respiratory Diseases,* https://www.hopkinsmedicine.org/health/conditions-and-diseases/smoking-and-respiratory-diseases

dañinas como nicotina, metales pesados y carcinógenos conocidos, tales como el formaldehído, que pueden tener efectos negativos en la salud pulmonar, cardiovascular y en el bienestar general".[47] Un cigarrillo electrónico (o "vapeador") funciona "calentando un líquido y produciendo un aerosol".[48] La persona que vapea entonces "inhala este aerosol en sus pulmones. Las personas que están cerca también pueden inhalar el aerosol cuando la persona usando el cigarrillo electrónico lo exhala".[49]

"En febrero de 2020, los Centros para el Control y la Prevención de Enfermedades (CDC) confirmaron 2,807 casos de lesiones pulmonares asociadas con el uso de cigarrillos electrónicos o vapeo (EVALI) y 68 muertes atribuidas a esa condición. Tanto los cigarrillos electrónicos como los cigarrillos comunes contienen nicotina, que según la investigación puede ser tan adictiva como la heroína y la cocaína [y] lo que es peor [es que] muchos usuarios de cigarrillos electrónicos absorben aún más nicotina que la que obtendrían de un producto de tabaco combustible".[50]

Obviamente, todo lo que se ha dicho sobre el uso del tabaco también se aplica al vapeo. También contamina el templo santo de Dios, tanto para el participante como para los que lo rodean.

• Drogas

En muchos aspectos, todo lo que se ha dicho previamente sobre el alcohol y el tabaco aplica igualmente al abuso de drogas. A diferencia del alcohol y el tabaco, existe un uso bíblicamente aprobado para la medicina.

Proverbios 17:22
El corazón alegre constituye buen remedio;
mas el espíritu triste seca los huesos.

---

[47] American Heart Association, *What You Need to Know about Vaping,* https://www.heart.org/en/health-topics/house-calls/what-you-need-to-know-about-vaping

[48] Centers for Disease Control, *Smoking and Tobacco Use,* https://www.cdc.gov/tobacco/e-cigarettes/about.html

[49] *Ibid*

[50] Johns Hopkins Medicine, *5 Vaping Facts You Need to Know,* https://www.hopkinsmedicine.org/health/wellness-and-prevention/5-truths-you-need-to-know-about-vaping

Note la frase "buen remedio". Si toda medicina fuera mala, esta frase no aparecería en las Escrituras.

Jeremías 8:22

> *¿No hay bálsamo en Galaad? ¿No hay allí médico? ¿Por qué, pues, no hubo medicina para la hija de mi pueblo?*

Cuando el profeta habló del "bálsamo" y los "médicos," ciertamente no prohibió su uso. Más bien, implica que no solo es aceptable usar doctores y medicina, sino que se espera su uso.

Apocalipsis 3:18

> *Por tanto, yo te aconsejo que de mí compres oro refinado en fuego, para que seas rico, y vestiduras blancas para vestirte, y que no se descubra la vergüenza de tu desnudez; y unge tus ojos con colirio, para que veas.*

Aunque hablaba en sentido espiritual, Jesús aún mencionó el valor de usar "colirio" cuando se necesita. El Señor no habría usado esta analogía si el uso de medicamentos fuera pecado. En el evangelio de Mateo, en realidad habló de los beneficios que los médicos brindan a los enfermos.

Mateo 9:12

> *Al oír esto Jesús, les dijo: Los sanos no tienen necesidad de médico, sino los enfermos.*

A Lucas se le refirió como médico mucho tiempo después de su conversión. Un ejemplo se encuentra en la carta de Pablo a la iglesia de Colosas.

Colosenses 4:14

> *Os saluda Lucas el médico amado, y Demas.*

A pesar de todo esto, uno no debe confiar solamente en los médicos o las medicinas. En su lugar, nuestra confianza debe estar en el Señor, y Él debe ser reconocido como la fuente de toda sanidad. Muchos cuestionan la sabiduría de la profesión médica moderna con respecto a los medicamentos. Surgen problemas éticos, específicamente con la frecuente prescripción de placebos. Una fuente nacional de noticias informó que "más de la mitad de los médicos ofrecen recetas falsas".[51]

---

[51] CBS News, *50% of Doctors Prescribe Placebos,* https://www.cbsnews.com/news/50-of-doctors-prescribe-placebos

Aparte de las preguntas sobre el uso de drogas en relación con la profesión médica, actualmente estamos enfrentando una epidemia de abuso de drogas por personas de todas las edades. El problema va desde quienes fuman marihuana hasta los adictos al Valium. Como ya se ha señalado, un cristiano no debe permitir caer bajo el poder de algo que cree hábito. Esto, por supuesto, incluye las drogas.

1 Corintios 6:12
Todas las cosas me son lícitas, mas no todas convienen; todas las cosas me son lícitas, mas yo no me dejaré dominar de ninguna.

La palabra "dominar", tal como se usa aquí, significa "control". El apóstol simplemente decía que no debemos permitirnos estar bajo el control de ninguna sustancia. Quizá el mayor regalo que Dios dio a la humanidad en general (aparte de la salvación, por supuesto) es la conciencia. También nos concedió libre albedrío. Ambos se ven negativamente afectados –y a menudo oscurecidos– cuando nos caemos bajo la adicción de algo.

Está documentado bastante en volúmenes de reportes científicos y médicos que el abuso de drogas es una carrera mortal. Los únicos individuos que cuestionan estas observaciones son aquellos que, por ganancia o placer personal, desean justificar el abuso de drogas. Pueden insistir en que existe una gran y misteriosa conspiración para impedirles experimentar los placeres supuestamente inofensivos de las drogas. Si eso fuera cierto, ¿dónde están los drogadictos saludables? ¡No hay ninguno! Como hemos presenciado repetidamente, las drogas matan sin piedad a quienes más han tratado de popularizar su uso.

La palabra griega que se traduce como "hechicería" o "brujería" en nuestro Nuevo Testamento en inglés es *pharmakeia*, la misma palabra de la cual proviene "farmacia". Implica el abuso de drogas para inducir estados alterados de conciencia y ayudar en prácticas ocultistas. Esto se enumera entre las obras de la carne en Gálatas 5:20. Es una de las cosas que nos impedirán heredar el reino de Dios.

¿Qué efecto tiene el abuso de drogas en nuestra sociedad? "Un estudio realizado de septiembre de 2019 a julio de 2021en 7 centros de trauma, de 4,243 conductores que resultaron gravemente heridos en accidentes se encontró que el 54% tuvieron resultados positivos de uso de alcohol y/o drogas. De los 4,243 conductores, el 22% obtuvieron resultados positivos en alcohol, el 25% en marihuana, el 9% en opioides, el 10% en estimulantes y el 8% en sedantes".[52]

La muerte no es el único resultado trágico de las drogas. "Los estudios sugieren que un padre con trastorno por uso de sustancias tiene tres veces más probabilidades de abusar física o sexualmente de su hijo".[53]

No hay justificación para el uso de drogas ilegales por parte de cristianos. Es una práctica que altera la mente, produce violencia, crea hábito y desarrolla enfermedades, la cual debe ser rechazada como otro intento satánico de profanar el templo de Dios.

• Gula

Sé que esto puede ser un tema sensible para muchos. Sin embargo, ES un tema bíblico y debe tratarse como tal.

Permítanme empezar, diciendo que NO TODOS los que tienen sobrepeso son glotones. La genética, condiciones médicas, malas elecciones alimenticias y otros factores pueden causar obesidad. No tengo lugar para criticar a nadie por cargar un exceso de kilos, ya que he luchado con mi peso durante décadas. De hecho, si usamos las tablas actuales de peso como la guía, tengo un sobrepeso considerable.

La palabra "gula" significa "el exceso en comida, bebida, y apetito desordenado por comer y beber; o bienes materiales, especialmente como símbolos de estatus. La palabra inglesa

---

[52] Centers for Disease Control, *Impaired Driving,* https://www.cdc.gov/impaired-driving/facts/index.html

[53] American Addiction Centers, *The Link Between Child Abuse and Substance Abuse,* https://americanaddictioncenters.org/blog/the-link-between-child-abuse-and-substance-abuse

proviene del latín y significa 'tragar'. La gula adora la comida para alimentar nuestro amor propio".[54]

"La gula parece ser un pecado que los cristianos tienden a ignorar. A menudo somos rápidos para etiquetar el fumar y beber como pecados, pero por alguna razón, la gula es aceptada o por lo menos se tolera. Muchos de los argumentos usados contra el fumar y el beber, como la salud y la adicción, aplican igualmente al consumo exceso de comida. Muchos ... no considerarían siquiera tomar una copa de vino o fumar un cigarrillo, pero no tienen problema alguno en atiborrarse ... hasta el punto de sentirse como si fueran a explotar. ¡Esto no debería ser así!"[55]

La Biblia tiene mucho que decir sobre este tema. El problema es que nada de eso es positivo.

Proverbios 23:20-21
No estés con los bebedores de vino, Ni con los comedores de carne: [21]Porque el bebedor y el comilón empobrecerán, Y el sueño hará vestir vestidos rotos.

Proverbios 28:7
El que guarda la ley es hijo prudente; Mas el que es compañero de glotones avergüenza a su padre.

Muchas otras traducciones definen "comedores" como "glotones". Esa es una de las formas en que la palabra hebrea original puede ser traducida correctamente. Si esa es la interpretación adecuada, Salomón consideraba que incluso asociarse con personas glotonas era una práctica vergonzosa.

Job 15:27
Porque la gordura cubrió su rostro, E hizo pliegues de gordura en sus ijares.

---

[54] Christianity.com, *What is the Sin of Gluttony, and What are its Consequences?*, https://www.christianity.com/wiki/sin/what-is-the-sin-of-gluttony-its-definition-and-consequences.html

[55] Paulose, Dr. K.O., *Gluttony – Is it a Sin?*, https://drpaulose.com/spirituality/gluttony-is-it-a-sin

La palabra "pliegues" literalmente significa "pedazos de carne". Un comentario bien conocido la traduce como "masas de grasa".[56]

La *Biblia World English* dice: "Porque ha cubierto su rostro con su gordura, y ha reunido grasa en sus muslos".[57] La *Nueva Versión King James* dice: "Aunque ha cubierto su rostro con su gordura, y ha hecho pesada su cintura con grasa".[58] La Biblia *Holman Christian Standard* lo traduce como "su rostro está cubierto de grasa y su cintura resalta con ella".[59] La Biblia *Douay-Rheims* 1899 dice: "La gordura ha cubierto su rostro, y la grasa cuelga de sus lados".[60]

¿A quién se refería Elifaz cuando hablaba de esta "grosura"? Basta con retroceder unos cuantos versículos para encontrar la respuesta. El versículo 20 identifica al sujeto como "el impío".

Parece que, al menos en los días de Job, la "grosura" era señal de "impiedad". Esta idea no está limitada a ese período de tiempo. Considere cómo Dios describió la rebelión de Israel:

Deuteronomio 32:15
Pero engordó Jesurún, y tiró coces (Engordaste, te cubriste de grasa); Entonces abandonó al Dios que lo hizo, Y menospreció la Roca de su salvación.

La Biblia *Christian Standard* dice: "Entonces Jesurún se volvió gordo y rebelde—te volviste gordo, inflado y glotón. Abandonó al Dios que lo hizo y despreció la Roca de su salvación".[61] La Biblia *The Message* dice: "Jesurún engordó y dio coces; te volviste gordo, obeso, una bola de grasa. Abandonó al Dios que lo hizo, se burló de la Roca de su salvación".[62]

[56] Jamieson, Robert, Andrew Robert Fausset, and David Brown, *Commentary on the Whole Bible.* Originally published 1871.

[57] *World English Bible,* Librivox, 2017.

[58] *The New King James Bible,* Worldwide Publishers, 2017.

[59] *Holman Christian Standard Bible,* Holman Bible Publishers, 2004.

[60] *Douay-Rheims Bible,* Loreto Publications, 2020.

[61] *Holman Christian Standard Bible,* Holman Bible Publishers, 2004.

[62] Peterson, Eugene, *The Message Bible,* Playaway Publishers, 2010.

Aunque entiendo (y personalmente he pasado por esto) la lucha de mantener un peso saludable, creo que podemos ser culpables de hipocresía si estamos dispuestos a "profanar el templo de nuestro cuerpo" mediante la comida descontrolada mientras condenamos a quienes profanan su cuerpo de otras formas. Debemos someter nuestros cuerpos, tal como hizo el apóstol Pablo.

1 Corintios 9:27
Sino que golpeo mi cuerpo, y lo pongo en
servidumbre, no sea que habiendo predicado a
otros, yo mismo venga a ser eliminado.

La Versión Contemporánea en inglés ofrece una visión precisa de lo que Pablo quería decir. Dice: "Mantengo mi cuerpo bajo control y lo hago mi esclavo, para no perder después de haber predicado las buenas noticias a otros".[63]

• **Modificaciones Corporales**

Por favor, entienda que NO estoy hablando específicamente de cirugías de "cambio de sexo" (o "reasignación de género") – aunque esto definitivamente puede incluirse, y todo lo que voy a decir ciertamente aplica. Me refiero a hacer CUALQUIER modificación al cuerpo mediante cosas como perforaciones, tatuajes, "cortes" y otras formas que pueden ser justamente consideradas "mutilaciones" del cuerpo tal como Dios lo creó.

La palabra "mutilar" significa "desfigurar" o, de cualquier manera, causar daño o cambio al cuerpo con la intención de tener un efecto permanente. Antes de ver las prohibiciones específicas de las Escrituras, primero debemos hacernos algunas preguntas sobre el MOTIVO detrás de tener algún tipo de "perforación", tatuaje o algo similar.

Proverbios 16:2
Todos los caminos del hombre son limpios en
su propia opinión; Pero Jehová pesa los
espíritus.

La versión *Common English* dice: "Podemos pensar que sabemos lo que está bien, pero el SEÑOR es quien juzga

---

[63] *The Contemporary English Version*, Thomas Nelson Publishers, 1995.

nuestras intenciones".[64] Nuestras intenciones importan; nunca debemos hacer algo solo para asemejarnos al mundo.

Para ayudar a determinar nuestro motivo, aquí presento algunas preguntas específicas que debemos responder:

(1) ¿Estoy tratando de identificarme con una cultura DIFERENTE a la de la iglesia?

2 Corintios 6:17-18

Por lo cual, Salid de en medio de ellos, y apartaos, dice el Señor, Y no toquéis lo inmundo; Y yo os recibiré, [18]Y seré para vosotros por Padre, Y vosotros me seréis hijos e hijas, dice el Señor Todopoderoso."

(2) ¿Estoy cediendo a la presión social?

Gálatas 1:10

Pues, ¿busco ahora el favor de los hombres, o el de Dios? ¿O trato de agradar a los hombres? Pues si todavía agradara a los hombres, no sería siervo de Cristo.

(3) ¿Estoy más preocupado por mi apariencia exterior que por mi hombre interior?

2 Corintios 10:7

Miráis las cosas según la apariencia. Si alguno está persuadido en sí mismo que es de Cristo, esto también piense por sí mismo: que como él es de Cristo, así también nosotros somos de Cristo.

(4) ¿Estoy llamando atención indebida a mi carne?

1 Pedro 5:5

Igualmente, jóvenes, estad sujetos a los ancianos; y todos, sumisos unos a otros, revestíos de humildad; porque: Dios resiste a los soberbios, Y da gracia a los humildes.

La Biblia *Basic English* traduce este versículo diciendo: "Dejad todos de lado el orgullo y haced que estéis listos para ser

---

[64] *The Contemporary English Version*, Thomas Nelson Publishers, 1995.

siervos: porque Dios odia el orgullo, pero da gracia a los que se humillan".[65] Después de responder todas estas preguntas, debería reconocer que hay problemas con las perforaciones, tatuajes y otras "modificaciones corporales". Si no, considere lo que la Biblia dice directamente sobre este tema.

Deuteronomio 15:17

Entonces tomará una lezna, y horadará su oreja contra la puerta, y será su siervo para siempre. Así también harás a tu sierva.

Dios instituyó la perforación de la oreja como una señal de esclavitud perpetua. Era una marca al mundo de que una persona había decidido renunciar a la libertad que se le había ofrecido

Levítico 19:28

Y no haréis rasguños en vuestro cuerpo por un muerto, ni imprimiréis en vosotros señal alguna. Yo Jehová.

La biblia *God's Word Translation* cierra este versículo diciendo: "Nunca te hagas un tatuaje. Yo soy el SEÑOR".[66] ¿Se puede decir más claro?

No malinterprete este versículo pensando que SOLO está en contra de "rasguños... por los muertos." Aunque ese es el enfoque principal, hay un principio general. Está claro en las Escrituras que el "cortarse" (o "perforarse", para el caso) está asociado con la idolatría y la actividad demoníaca.

1 Reyes 18:25-28

Entonces Elías dijo a los profetas de Baal: Escogeos un buey, y preparadlo vosotros primero, porque sois los más; e invocad el nombre de vuestros dioses, mas no pongáis fuego debajo. ²⁶*Y ellos tomaron el buey que les fue dado, y lo prepararon, e invocaron el nombre de Baal desde la mañana hasta el mediodía, diciendo: ¡Baal, respóndenos! Pero no había voz, ni quien respondiese. Entretanto,*

---

[65] Hooke, S. H., *The Bible in Basic English,* Cambridge University Press, 1982.

[66] *God's Word Translation,* Baker Books, 2010.

ellos andaban saltando cerca del altar que habían hecho. [27]Y aconteció al mediodía, que Elías se burlaba de ellos, diciendo: Gritad en alta voz, porque dios es; quizá está meditando, o tiene algún trabajo, o va de camino; tal vez duerme, y hay que despertarle. [28]Y ellos clamaban a grandes voces, y se sajaban con cuchillos y lancetas, conforme a su costumbre, hasta chorrear la sangre sobre ellos."

Una vez más, consideremos los versículos con los que comenzamos este capítulo. Aunque trato de no ser redundante, vale la pena repasarlos.

1 Corintios 3:16-17

¿No sabéis que sois templo de Dios, y que el Espíritu de Dios mora en vosotros? [17]Si alguno destruyere el templo de Dios, Dios le destruirá a él; porque el templo de Dios, el cual sois vosotros, santo es.

Según Thayer, "En opinión de los judíos, el templo era corrompido o 'destruido' cuando alguien lo *profanaba o dañaba en el más mínimo grado,* o si sus guardianes descuidaban sus deberes".[67] [Énfasis añadido.] Las perforaciones, tatuajes y otros métodos de modificación de nuestros cuerpos sin duda encajan en esta definición.

• "Y semejantes a estos"

Las cosas que hemos discutido hasta ahora no son las únicas formas en las que un cristiano puede profanar el templo santo de su cuerpo. Hay muchas otras, incluyendo la fornicación y otras formas de inmoralidad (las cuales trato en el capítulo 10 de este libro). Sin embargo, estas son algunas de las formas más comunes y visibles. Deben ser evitadas a toda costa. El cristiano que toma estas posturas brillará como una luz en un mundo oscuro y corrupto.

En conclusión, debemos recordar que no somos nuestros, pues hemos sido comprados por precio (ver 1 Corintios 6:19-20).

---

[67] Thayer, J., *A Greek-English Lexicon of the New Testament,* Baker Book House, 1993.

Por lo tanto, tenemos la obligación con Dios de vivir nuestras vidas de acuerdo con los dictados de Su Santa Palabra. Pablo lo llamó nuestro "culto racional."

Romanos 12:1
Así que, hermanos, os ruego por las misericordias de Dios, que presentéis vuestros cuerpos en sacrificio vivo, santo, agradable a Dios, que es vuestro culto racional.

GUARDANDO NUESTRA BOCA

Salmos 141:3
Pon guarda a mi boca, oh Jehová; Guarda la puerta de mis labios.

Según el apóstol Santiago, existe para la humanidad algo que es prácticamente imposible lograr. Ese algo es domar la lengua.

Santiago 3:7-8
Porque toda naturaleza de bestias, y de aves, y de serpientes, y de seres del mar, se doma y ha sido domada por la naturaleza humana; ⁸Pero ningún hombre puede domar la lengua, que es un mal que no puede ser refrenado, llena de veneno mortal.

En mi opinión, esta es una de las razones por las que Dios eligió el hablar en lenguas como la evidencia de que alguien ha sido lleno del Espíritu Santo. Al hacernos pronunciar palabras que no entendemos, Él le está mostrando al mundo que puede controlar lo único que nosotros no podemos.

Tristemente, es demasiado fácil para nosotros "decir lo que pensamos" sin pensarlo mucho. Sin embargo, debemos reconocer el poder inherente en nuestras palabras.

Proverbios 18:21
La muerte y la vida están en poder de la lengua, Y el que la ama comerá de sus frutos.

De niño, me enseñaron a decirles a quienes me decían cosas hirientes: "Palos y piedras mis huesos romperán, pero las palabras nunca me quebrantaran".[68] Suena bien, pero lamentablemente no es cierto. Las heridas causadas por "palos y piedras" generalmente sanan con el tiempo. Por otro lado, el daño causado por una conversación maliciosa puede durar toda la vida.

No solo lo que decimos puede herir a otros, sino que podemos hacernos daño espiritual a nosotros mismos por lo que sale de nuestras bocas. El Señor declaró que la justificación y la condenación se producen por nuestras palabras.

Mateo 12:37
> *Porque por tus palabras serás justificado, y*
> *por tus palabras serás condenado.*

El rey Salomón tenía mucho que decir sobre el poder de nuestras palabras. Entre otras cosas, dijo que pueden traer sanidad o destrucción.

Proverbios 6:2
> *Te has enlazado con las palabras de tu boca,*
> *Y has quedado preso en los dichos de tus labios.*

Proverbios 12:18
> *Hay hombres cuyas palabras son como golpes*
> *de espada; Mas la lengua de los sabios es*
> *medicina.*

Proverbios 13:3
> *El que guarda su boca guarda su alma; Mas*
> *el que mucho abre sus labios tendrá calamidad.*

Proverbios 15:4
> *La lengua apacible es árbol de vida; Mas la*
> *perversidad de ella es quebrantamiento de*
> *espíritu.*

Algunas personas tienen la habilidad de hablar cosas que traen sanidad emocional como un bálsamo calmante. Pero las palabras de otros son como una espada.

En sus instrucciones a la iglesia en Tesalónica, Pablo dio un mandato específico sobre lo que decimos. Les dijo que "procuréis tener tranquilidad".

---

[68] Se desconoce la identidad del autor de esta rima. Pero aparentemente apareció en forma impresa como una frase no atribuida a alguien en particular a mediados de 1800s

1 Tesalonicenses 4:11
Y que procuréis tener tranquilidad, y
ocuparos en vuestros negocios, y trabajar con
vuestras manos de la manera que os hemos
mandado.

Barnes' Notes en the New Testament, explica el significado literal del griego: "Haced de vuestra ambición el estar tranquilos, y ocuparos en vuestros propios asuntos". Él continúa diciendo que esto está "en contraste directo con la ambición del mundo, que es 'hacer un gran alboroto' y 'ser entrometidos".[69] Supuestamente, Abraham Lincoln dijo que es mejor permanecer en silencio y parecer un tonto, que hablar y eliminar toda duda.[70] El principio detrás de este concepto es bíblico.

Proverbios 17:28
Aun el necio, cuando calla, es contado por
sabio; El que cierra sus labios es entendido.

En una ocasión, una mujer le dijo a John Wesley: "Mi talento es decir lo que pienso". Wesley respondió: "Estoy seguro, hermana, que a Dios no le importaría si entierras ese talento".[71]

Como apostólicos, sin duda tenemos muchas ideas sobre cómo se ve la "espiritualidad". Tal vez esté basada en la frecuencia o intensidad de la adoración de alguien. Podría basarse en otras cosas, por ejemplo, siguiendo las pautas de la asamblea local. Estas son cualidades excelentes. Sin embargo, el Nuevo Testamento nos ofrece una prueba infalible que, aunque quizás no muestre cuán espirituales SOMOS, ciertamente muestra cuán espirituales NO somos.

Santiago 1:26
Si alguno se cree religioso entre vosotros, y
no refrena su lengua, sino que engaña su
corazón, la religión del tal es vana.

---

[69] Barnes, A., J. G. Murphy, F. C. Cook, E. B. Pusey, H.C. Leupold, & R. Frew, *Barnes' Notes*. Blackie & Son, 1847.

[70] Golden Book Magazine, Volume 14, Publicado por The Review of Reviews Corporation, 1931.

[71] Guzik, David. Study Guide for James 3, *Warnings and Words to Teachers*, Blue Letter Bible, 2018, https://www.blueletterbible.org/comm/guzik_david/study-guide/james/james-3.cfm

Como ya he dicho, vale muy poco si (por ejemplo) una mujer tiene el cabello largo y usa faldas y mangas largas, pero también tiene una lengua larga. Santiago dice en términos inequívocos que cualquiera que no "refrena" su lengua practica una religión vana. La Versión *Contemporary English* dice: "Si piensas que eres religioso pero no puedes controlar tu lengua, te estás engañando a ti mismo, y todo lo que haces es inútil".[72]

La importancia de cuidar nuestra boca no puede ser exagerada. Jesús dijo que debemos dar cuenta de CADA palabra ociosa.

Mateo 12:36
Mas yo os digo que de toda palabra ociosa que hablen los hombres, de ella darán cuenta en el día del juicio.

El diccionario *Vine's Expository* dice que la palabra "ociosa" significa "estéril, que no produce fruto".[73] El autor continúa diciendo que en este versículo significa "la palabra irreflexiva o inútil".[74] Dios lleva un registro de lo que decimos. Debemos esforzarnos por mantener ese registro lo más limpio posible.

El primer capítulo del libro de Santiago declara que la falta de cuidado verbal es el resultado de una "religión vana". En el tercer capítulo, el apóstol muestra que lo contrario también es cierto. Ser capaz de controlar nuestra lengua es señal de madurez espiritual.

Santiago 3:2
"Porque todos ofendemos muchas veces. Si alguno no ofende en palabra, este es varón perfecto, capaz también de refrenar todo el cuerpo."

Los cristianos que saben disciplinar sus palabras son de gran bendición y valor para la iglesia. Su capacidad de guardar

---

[72] *The Contemporary English Version*, Thomas Nelson Publishers, 1995.

[73] Vine, W.E., J.R. Kohlenberger, J.A. Swanson, *The Expanded Vine's Expository Dictionary of New Testament Words.* Bethany House Publishers, 1984.

[74] Vine, W.E., J.R. Kohlenberger, J.A. Swanson, *The Expanded Vine's Expository Dictionary of New Testament Words.* Bethany House Publishers, 1984.

silencio cuando es necesario, y decir las palabras apropiadas cuando la ocasión lo requiere, es muy edificante.

Proverbios 25:11
Manzana de oro con figuras de plata Es la
palabra dicha como conviene.

Debemos esforzarnos diligentemente por usar nuestras palabras con fines positivos y constructivos. Quizás Pablo tenía esto en mente cuando instruyó a Tito a mantener "palabra sana".

Tito 2:8
Palabra sana e irreprochable, para que el
adversario se avergüence, y no tenga nada malo
que decir de vosotros.

La palabra griega traducida como "sana" simplemente significa "saludable" o, por implicación, "verdadera". El Léxico Griego de Thayer dice que la connotación es algo "saludable, apropiado o sabio".[75] Estas son las clases de palabras que deberían surgir naturalmente en el hijo de Dios.

El salmista David entendía bien la necesidad absoluta de guardar nuestra lengua. Oró para que Dios pusiera una guarda en su boca.

Salmos 141:3
Pon guarda a mi boca, oh Jehová; Guarda la
puerta de mis labios.

Esa debería ser también nuestra oración. Necesitamos la ayuda y guía del Maestro para evitar hablar cosas que no deberíamos.

Tomémonos un momento para examinar cuatro áreas específicas sobre las cuales debemos obtener control. Cada una de estas podría fácilmente ser tratada en un libro entero.

• Mentiras

Al describir a los que sufrirán juicio eterno, Jesús enumeró algunos pecados viles. Sin embargo, observe el último grupo que mencionó.

---

[75] Thayer, J., *A Greek-English Lexicon of the New Testament,* Baker Book House, 1993.

Apocalipsis 21:8

Pero los cobardes e incrédulos, los abominables y homicidas, los fornicarios y hechiceros, los idólatras y todos los mentirosos tendrán su parte en el lago que arde con fuego y azufre, que es la muerte segunda.

Curiosamente, solo agregó la palabra "todos" cuando habló de los mentirosos. Parece que quería asegurarse de que todos comprendieran que incluso algo que las personas podrían categorizar como una "mentira piadosa" ¡aún califica como mentira!

Él se expresó de manera tan fuerte sobre la mentira porque no únicamente es un pecado. ¡Es una abominación!

Proverbios 6:16-19

Seis cosas aborrecen Jehová, Y aun siete abomina su alma: [17]Los ojos altivos, la lengua mentirosa, Las manos derramadoras de sangre inocente, [18]El corazón que maquina pensamientos inicuos, Los pies presurosos para correr al mal, [19]El testigo falso que habla mentiras, Y el que siembra discordia entre hermanos.

El tema relacionado con las abominaciones lo cubriremos más adelante en otro capítulo. Por ahora, solo tenga en mente que la palabra indica algo terriblemente repugnante y detestable.

Aunque algunas religiones afirman que los "siete pecados capitales" son "orgullo, avaricia, ira, envidia, lujuria, gula y pereza," la lista en este pasaje de Proverbios indica algo diferente. Aquí, al relacionar las siete cosas que Dios REALMENTE odia, ¡incluye una forma de mentira como DOS de las siete!

La mentira está en contradicción directa con la misma naturaleza de Dios. Él no solo dice la verdad. ¡Él ES la Verdad! (Ver Juan 14:6.)

Las mentiras se originan del mismo Satanás. Jesús dijo que el diablo es el "padre" de la mentira (ver Juan 8:44).

Una forma de mentir que parece ser aceptable entre algunas personas es la lisonja [adulación]. Sin embargo, ciertamente no es aceptable para Dios.

Salmos 78:36
*Pero le lisonjeaban con su boca, Y con su
lengua le mentían.*
Una vez leí sobre un hombre que tenía una manera peculiar
de explicar el problema de la adulación. Empezaba preguntando:
"Si llamas 'pierna' a la cola de un perro, ¿cuántas piernas tendría
un perro?" Cuando alguien respondió: "Cinco," él dijo: "¡Estás
equivocado! Continuaría teniendo solo CUATRO. ¡Llamar
pierna a una cola no la convierte en una!"
El hecho de que alguien diga que es "grandioso" o "sabio"
(o cualquier otra cosa) no lo convierte a esto. ¡No debemos caer
a los intentos de adulación! Ni debemos intentar adular a otros,
porque la Escritura afirma que la adulación es una característica
de la maldad.

Salmos 5:9
*Porque en la boca de ellos no hay sinceridad;
sus entrañas son maldad, sepulcro abierto es su
garganta; con su lengua hablan lisonjas.*

Salmos 12:2
*Habla mentira cada uno con su prójimo;
hablan con labios lisonjeros, y con doblez de
corazón.*
La lisonja o adulación es una característica del engaño. La
Palabra de Dios nos advierte enfáticamente que es así.

Proverbios 29:5
*El hombre que lisonjea a su prójimo, red
tiende delante de sus pasos.*
Volverse susceptible a la lisonja o halagos es
extremadamente peligroso en muchos aspectos. Esto es
especialmente cierto en el caso de la prostitución.

Proverbios 2:16
*Para librarte de la mujer extraña, de la ajena
que halaga con sus palabras.*

Proverbios 6:24
*Para que te guarden de la mala mujer, de la
blandura de la lengua de la mujer extraña.*

Proverbios 7:5
*Para que te guarden de la mujer ajena, y de la
extraña que ablanda sus palabras.*

Proverbios 7:21
Lo rindió con la suavidad de sus muchas
palabras, le obligó con la zalamería de sus
labios.

La Biblia nos dice cómo tratar a aquellos que practican la lisonja. Se nos instruye a evitarlos.

Proverbios 20:19
El que anda en chismes descubre el secreto;
no te entremetas, pues, con el suelto de lengua.

Los que practican la lisonja serán juzgados. La Escritura lo deja muy claro.

Job 17:5
El que lisonjea a sus amigos, los ojos de sus
hijos desfallecerán.

Salmos 12:3
Jehová destruirá todos los labios lisonjeros,
la lengua que habla jactanciosamente.

Proverbios 26:28
La lengua falsa atormenta al que ha
lastimado, y la boca lisonjera hace resbalar.

• **Profanidad**

Levítico 19:12
Y no juraréis falsamente por mi nombre,
profanando así el nombre de tu Dios. Yo Jehová.

Hubo un tiempo en que las personas eran extremadamente conscientes —y cuidadosas— de cómo y cuándo decían el nombre del Señor. Sin embargo, parece que algo ha sucedido que ha causado que muchas personas han adoptado una actitud mucho más relajada al respecto. No obstante, la Biblia no ha cambiado su prohibición contra esta práctica.

Éxodo 20:7
No tomarás el nombre de Jehová tu Dios en
vano; porque no dará por inocente Jehová al
que tomare su nombre en vano.

Deuteronomio 5:11
No tomarás el nombre de Jehová tu Dios en
vano; porque no dará por inocente Jehová al
que tomare su nombre en vano.
La frase "en vano" significa "sin propósito". Deberíamos ser mucho más cuidadosos usando la palabra "Señor", "Jesús" o "Dios". Si no estamos hablando CON Él o SOBRE Él, hay una buena posibilidad de que estemos usando Su nombre como una simple cantinela o estribillo. Con demasiada frecuencia, los cristianos exclaman descuidadamente (y/o escriben), "Dios mío" [iniciales OMG, en ingles]. Esas letras representan el uso de un término que durante muchos años fue considerado como una forma de profanar el nombre de Dios. (Pista: la "G" NO representa "*goodness*" – bondad – aunque Aquel al que se refiere SÍ es bueno.)

Muchos santos jamás pensarían decir una mala palabra. Sin embargo, también debemos tener cuidado con palabras o frases "lingo" que tienen el mismo significado que una mala palabra pero que suenan menos ofensivas.

Romanos 14:16
No sea, pues, vituperado vuestro bien.
Personalmente, ni siquiera no me siento cómodo escribiendo algunos de los términos que he escuchado a algunos apostólicos decir libremente. En lugar, simplemente sugeriré que cada lector considere si las palabras y frases que utiliza son "aceptables ante los ojos de Dios." (Ver Salmos 19:14.)

• **Chismes**

Levítico 19:16
No andarás chismeando entre tu pueblo. No
atentarás contra la vida de tu prójimo. Yo
Jehová.
En los más de 50 años que he servido a Dios, mi experiencia ha sido que hay muy pocas cosas que hayan causado tanto daño a la obra de Dios como los chismes. La devastación causada por la difusión de rumores ha sido de gran alcance. Esto nunca debería tan siquiera considerarse si realmente amáramos a nuestro prójimo como a nosotros mismos.

Las siguientes frases probablemente son una introducción al chisme. "No digas que yo te lo dije, pero..." o "¿Te imaginas...?" o "Todo el mundo dice..." son señales de alerta de que está por iniciar una conversación en la cual no deberíamos tener deseos de participar.

Una publicación enumeró siete cosas como la raíz de la mayoría de los chismes, llamándolas las "siete señoritas traviesas": Desinformación, Falsas alegaciones, Carácter incorrecto, Mala interpretación, Concepto erróneo, Construcción errónea y Malentendido.[76] ¡Tenga cuidado de no quedar atrapado en ninguna de estas!

El chisme es una señal de que la consagración de una persona está disminuyendo. Cuando una persona comienza a vaciarse espiritualmente, a menudo su platica deteriora. Las palabras de Jesús lo prueban.

Mateo 12:34-35
¡Generación de víboras! ¿Cómo podéis hablar lo bueno, siendo malos? Porque de la abundancia del corazón habla la boca. [35]El hombre bueno, del buen tesoro del corazón saca buenas cosas; y el hombre malo, del mal tesoro saca malas cosas.

• **Calumnia**

Salmos 101:5
Al que solapadamente infama a su prójimo, yo lo destruiré; no sufriré al de ojos altaneros y de corazón vanidoso.

Hay una diferencia entre chisme y calumnia. El chisme no es necesariamente con el propósito expreso de hacer daño. Puede causar daño, pero muchas personas cuentan cosas solo por el placer de contarlas. A muchas personas les gusta sentirse que están enterados de cosas que otros no saben.

Por otro lado, el único propósito de la calumnia es causar daño al carácter de otra persona. Esto es extremadamente

---

[76] Griffin, Kelsey, Dan Segraves, Ralph Reynold, Rick Wyser, *Why? A Study of Christian Standards,* Word Aflame Publications. 1984.

perjudicial ya que lo que más valora una persona es su reputación. ¡Nuestra reputación es más importante que nuestro valor neto!

Proverbios 22:1

> *De más estima es el buen nombre que las muchas riquezas, y la buena fama más que la plata y el oro.*

Antes de decir algo sobre otra persona, pregúntese a sí mismo: (1) ¿Es benévolo? (2) ¿Estoy seguro de que es verdad? (3) ¿Es necesario? Toda información que comparta sobre otra persona debe cumplir con estas tres reglas. Por ejemplo, puede que no sea benévolo, aunque sea cierto. Siempre y cuando nos limitemos a compartir cosas que son benévolas, ciertas y necesarias, nunca tendremos que preocuparnos por herir a alguien más con nuestras palabras.   Puede que nunca hayas considerado esto antes, pero cuando haces una acusación contra un hermano o una hermana, estás haciendo el trabajo del diablo por él. Recuerda, él es el acusador de los hermanos

Apocalipsis 12:10

> *Entonces oí una gran voz en el cielo, que decía: Ahora ha venido la salvación, el poder, el reino de nuestro Dios, y la autoridad de su Cristo; porque ha sido lanzado fuera el acusador de nuestros hermanos, el que los acusaba delante de nuestro Dios día y noche.*

Hay otra dimensión de este pecado que lo hace aún peor. Ya sea que ayude o lastime a un hermano, lo hace como si fuera a Dios.

Mateo 25:34-45

> *Entonces el Rey dirá a los de su derecha: Venid, benditos de mi Padre, heredad el reino preparado para vosotros desde la fundación del mundo. [35]Porque tuve hambre, y me disteis de comer; tuve sed, y me disteis de beber; fui forastero, y me recogisteis; [36]estuve desnudo, y me cubristeis; enfermo, y me visitasteis; en la cárcel, y vinisteis a mí. [37]Entonces los justos le responderán diciendo: Señor, ¿cuándo te vimos*

hambriento, y te sustentamos, o sediento, y te dimos de beber? ³⁸*¿Y cuándo te vimos forastero, y te recogimos, o desnudo, y te cubrimos?* ³⁹*¿O cuándo te vimos enfermo, o en la cárcel, y vinimos a ti?* ⁴⁰*Y respondiendo el Rey, les dirá: De cierto os digo que en cuanto lo hicisteis a uno de estos mis hermanos más pequeños, a mí lo hicisteis.* ⁴¹*Entonces dirá también a los de la izquierda: Apartaos de mí, malditos, al fuego eterno preparado para el diablo y sus ángeles.* ⁴²*Porque tuve hambre, y no me disteis de comer; tuve sed, y no me disteis de beber;* ⁴³*fui forastero, y no me recogisteis; estuve desnudo, y no me cubristeis; enfermo, y en la cárcel, y no me visitasteis.* ⁴⁴*Entonces también ellos le responderán diciendo: Señor, ¿cuándo te vimos hambriento, sediento, forastero, desnudo, enfermo, o en la cárcel, y no te servimos?* ⁴⁵*Entonces les responderá diciendo: De cierto os digo que en cuanto no lo hicisteis a uno de estos más pequeños, tampoco a mí lo hicisteis.*

Pablo era consciente de este hecho. Tal vez por eso expulsó a dos hombres culpables de blasfemia.

1 Timoteo 1:20

De los cuales son Himeneo y Alejandro, a quienes entregué a Satanás para que aprendan a no blasfemar.

La palabra "blasfemar" simplemente significa difamar o hablar mal de alguien o algo. En este caso, no está claro contra quién o qué decian, pero el punto es que, la única ocasión en el que Pablo tomó una acción tan drástica contra miembros de la iglesia fue ¡cuando no pudieron controlar sus lenguas!

Mirando en el Antiguo Testamento, vemos que Dios instruyó a Moisés sobre cómo tratar con el problema de la calumnia. El castigo se basaba en la acusación.

Deuteronomio 19:15-21

No se tomará en cuenta a un solo testigo contra ninguno en cualquier delito ni en cualquier pecado, en relación con cualquier ofensa cometida; solo por el testimonio de dos o tres testigos se mantendrá la acusación. ¹⁶Si se levantare testigo falso contra alguno para testificar contra él, ¹⁷entonces los dos litigantes se presentarán delante de Jehová, y delante de los sacerdotes y de los jueces que hubieren en aquellos días; ¹⁸y los jueces inquirirán bien; y si aquel testigo resultare falso, y hubiere acusado falsamente a su hermano, ¹⁹entonces haréis a él como él pensó hacer a su hermano; y quitarás el mal de en medio de ti. ²⁰Y los que quedaren oirán, y temerán, y no volverán a hacer más una maldad semejante en medio de ti. ²¹Y no le compadecerás: vida por vida, ojo por ojo, diente por diente, mano por mano, pie por pie.

Bajo la ley, si una persona acusaba a otra y se encontraba que la acusación era falsa, el acusador debía sufrir el castigo que habría recaído sobre el acusado si hubiera sido hallado culpable. Para clarificar, supongamos que la Persona A acusó a la Persona B de asesinato. Una vez investigado el asunto, si la Persona B (el acusado) resultara inocente, la Persona A (el acusador) recibiría el castigo prescrito por la acusación. En este caso, alguien culpable de calumnia recibiría la pena de muerte (el castigo por asesinato). ¡No hay duda de que una ley así reduciría significativamente la tentación de acusar a alguien de algo!

Controlar nuestra lengua no es opcional. Sin embargo, como señaló Santiago, no es humanamente posible que lo hagamos. Por lo tanto, nos corresponde buscar la ayuda de Dios, pidiéndole que haga lo que nosotros no podemos. Tal vez cada uno de nosotros debería orar las mismas oraciones que David oró con respecto a nuestras palabras.

Salmos 141:3

Pon guarda a mi boca, oh Jehová; guarda la puerta de mis labios.

Salmos 19:14

Sean gratos los dichos de mi boca y la meditación de mi corazón delante de ti, oh Jehová, roca mía, y redentor mío.

GUARDANDO NUESTROS OJOS

Mateo 6:22-23
La lámpara del cuerpo es el ojo; así que, si tu
ojo es bueno, todo tu cuerpo estará lleno de luz;
²³pero si tu ojo es maligno, todo tu cuerpo estará
en tinieblas. Así que, si la luz que en ti hay es
tinieblas, ¡cuán grandes serán las tinieblas!

¿Qué quiso decir Jesús cuando habló de que nuestro ojo fuera "bueno"? *Barnes' Notes* comenta que esta frase indica que nuestra atención está "dirigida a un solo objeto".[77] Si queremos que la plenitud de la luz de Dios brille dentro de nosotros y a través de nosotros, nuestro ojo debe estar enfocado. Debemos mirar solo con un propósito: no hacia Dios Y el mundo.

Mateo 6:33
Mas buscad primeramente el reino de Dios y
su justicia, y todas estas cosas os serán
añadidas.

Cuando alguien dice que va a hacer algo "primero", generalmente esperamos que haya al menos otra cosa que siga. Sin embargo, note que no se nos dice que busquemos "segundo" algo más. Si buscamos el Reino de Dios, no tenemos razón para buscar nada más. La idea que Jesús transmite no es que el Reino de Dios sea el número uno en una lista. Más bien, Él dice que el Reino de Dios ES la lista. Nada más debe competir por nuestra atención.

De la misma manera que debemos esforzarnos diligentemente para controlar nuestras lenguas, también debemos trabajar con ahínco para controlar lo que permitimos que

---

[77] Barnes, A., J. G. Murphy, F. C. Cook, E. B. Pusey, H.C. Leupold, & R. Frew, *Barnes' Notes*. Blackie & Son, 1847.

nuestros ojos vean. Existe una razón evidente para ello, el ojo afecta al corazón.

Lamentaciones 3:51

"Mis ojos contristaron mi alma por todas las hijas de mi ciudad."

Cuando permitimos que nuestros ojos vean algo, se abre una puerta hacia el corazón. Lo que está en el corazón luego gobierna nuestras acciones.

Proverbios 23:7

Porque cual es su pensamiento en su corazón, tal es él. Te dice: Come y bebe; mas su corazón no está contigo.

Por lo tanto, el ojo determina lo que terminamos haciendo. ¡Existe una gran probabilidad de que nos conviértanos en lo que permitimos ver! En su libro *Santidad Práctica*, David Bernard escribe: "El ojo es el medio principal por el cual la información externa entra a la mente, estimulando así la vida de nuestro pensamiento".[78]

En 1969, Edgar Dale (educador estadounidense) creó algo que llamó el "Cono de Experiencia". Según sus estudios, concluyó que retenemos tres veces más de lo que vemos en comparación con lo que oímos. Aunque se ha debatido si esto es veraz, no hay duda de que el ojo es la "ventana del alma".[79] A través de los ojos pasan las cosas que eventualmente entran en el corazón.

Lo que entra al corazón es lo que finalmente contamina (o justifica) a una persona. Jesús explicó esto a sus discípulos.

Marcos 7:20-23

Pero decía, que lo que del hombre sale, eso contamina al hombre. [21]Porque de dentro, del corazón de los hombres, salen los malos pensamientos, los adulterios, las fornicaciones, los homicidios, [22]los hurtos, las avaricias, las maldades, el engaño, la lascivia, la envidia, la

---

[78] Bernard, David K., *Practical Holiness: A Second Look,* Word Aflame Press, 1985.

[79] Dupont, Laurent, Research Gate, https://www.researchgate.net/figure/Edgar-Dale-Audio-Visual-Methods-in-Teaching-3rd-Edition-Holt-Rinehart-and-Winston_fig1_283011989

*maledicencia, la soberbia, la insensatez. ²³Todas
estas maldades de dentro salen, y contaminan al
hombre.*

Juan dijo que solo hay tres formas en que el mundo puede
atraernos. Se podría decir, por lo tanto, que aproximadamente un
tercio de todo lo que el mundo ofrece entra por los ojos.

1 Juan 2:16

*Porque todo lo que hay en el mundo, los
deseos de la carne, los deseos de los ojos, y la
vanagloria de la vida, no proviene del Padre,
sino del mundo.*

Pedro razonó sobre personas que eran obstinadas. Dijo que
tenían "ojos llenos de adulterio".

2 Pedro 2:14

*Teniendo los ojos llenos de adulterio, que no
se sacian de pecar, seducen a las almas
inconstantes; tienen el corazón habituado a la
codicia, y son hijos de maldición.*

Debemos tomar control sobre lo que vemos. A Job se le
identificó como un hombre "perfecto" (Job 1:1). Creo que parte
de lo que lo distinguió para recibir tal noble descripción fue que
tenía control sobre lo que permitía ver.

Job 31:1

*Hice pacto con mis ojos; ¿cómo, pues, había
yo de mirar a una virgen?"*

David enseñó una lección importante con respecto a lo que
miramos. Considere su descripción de cómo estableció vivir.

Salmos 101:4-7

*Corazón perverso se apartará de mí; no
conoceré al malvado. ⁵Al que solapadamente
infama a su prójimo, yo lo destruiré; no sufriré
al de ojos altaneros y de corazón vanidoso. ⁶Mis
ojos pondré en los fieles de la tierra, para que
estén conmigo; el que ande en el camino de la
perfección, éste me servirá. ⁷No habitará dentro
de mi casa el que hace fraude; el que habla
mentiras no se afirmará delante de mis ojos.*

En este pasaje, el salmista expresa su preocupación por lo que permite ver. Esto se aclara aún más al leer los dos versículos anteriores a su definición de "conducta perfecta".

Salmos 101:2-3
Entenderé el camino de la perfección, cuando vengas a mí. En la integridad de mi corazón andaré en medio de mi casa. ³No pondré delante de mis ojos cosa injusta. Aborrezco la obra de los que se desvían; ninguno de ellos se acercará a mí.

Observe que David dijo: "No PONDRÉ delante de mis ojos cosa injusta." Se dio cuenta de que no podía evitar algunas cosas que veía, ¡pero determinó no ELEGIR ver nada malvado!

A menudo he advertido a la gente que deben tener control de lo que ven. En respuesta, algunos han argumentado: "Se ven las mismas cosas en el centro comercial." La respuesta que les doy es directa. Les digo: "No puedo elegir lo que TENGO que ver al comprar necesidades, sin embargo, puedo elegir *NO TRAER ESAS COSAS AL SANTUARIO DE MI HOGAR.*"

No podemos evitar ver algunas cosas impías. Sin embargo, cuando nos conectamos a una computadora, celular, tableta (o cualquier otro dispositivo), o tomamos una revista, libro o imagen, estamos voluntariamente eligiendo lo que estamos viendo.

Antes de continuar, sería útil tener una mejor comprensión de cuán peligroso es mirar ciertas cosas. Para ello, debo explicar una categoría especial de pecado llamada "abominaciones".

Una abominación es algo completamente detestable. Es algo que debe ser odiado con ABORRECIMIENTO EXTREMO. La connotación es que la cosa en cuestión provoca un odio tan intenso que hace que la persona se sienta enferma incluso al considerarla.

Sabiendo esto, es asombroso darse cuenta de que Dios juzga algunas prácticas y acciones ¡como "abominables"! Esto es impactante porque aunque Dios ES amor (1 Juan 4:8), ¡hay cosas que odia tanto que le provocan repulsión!

Aunque Dios odia todo pecado, cualquier cosa clasificada como "una abominación para Dios" (como leemos en Deuteronomio 22:5) parece estar en un nivel mucho más alto que un pecado común. Debido a esto, sería apropiado examinar lo que Dios odia de manera tan intensa.

En general, las transgresiones que se denominan abominaciones pueden agruparse en seis categorías.[80] Identificaremos cada categoría junto con algunos de los pecados que encajan dentro de ese grupo.

- **Abominaciones Morales**

Estas generalmente involucran pecados sexuales como la homosexualidad (Levítico 18:22) y la bestialidad (Levítico 18:23). Sin embargo, también pueden incluir otras cosas que implican acciones, actitudes o pensamientos inmorales. Dos ejemplos son pensamientos inicuos. (Proverbios 6:16-19) y el vestirse de una manera que represente al sexo opuesto (Deuteronomio 22:5). También hay muchos otros.

- **Abominaciones Ocultas**

Esta categoría incluye prácticas basadas en poderes que no glorifican a Dios. En este grupo se incluyen cosas como la adivinación, observar los tiempos, encantamientos, hechicería, espíritus familiares, brujería y la necromancia (Deuteronomio 18:9-14).

- **Abominaciones Verbales**

Dentro de este grupo están los abusos de la lengua humana. Esto incluye, pero no está limitado a: Mentir, dar falso testimonio y sembrar discordia (Proverbios 6:16-19), así como justificar al impío y condenar al justo (Proverbios 17:15).

- **Abominaciones de Adoración**

Esta categoría incluye la adoración de objetos, ya sean animados o inanimados, que no sean Dios. También incluye actos de adoración inadecuada al verdadero Dios del cielo. Entre estos están: idolatría (Deuteronomio 7:25), ofrecer a Dios menos de lo mejor (Deuteronomio 17:1), sacrificios del impío (Proverbios 15:8), orar pero negarse a escuchar la Palabra de Dios (Proverbios 28:9), y ofrecer a Dios dinero obtenido de prácticas pecaminosas (Deuteronomio 23:18).

---

[80] Griffin, Kelsey, Dan Segraves, Ralph Reynold, Rick Wyser, *Why? A Study of Christian Standards,* Word Aflame Publications. 1984.

- **Abominaciones de Carácter**

Estos son actos inicuos resultado de tener un hombre interior corrupto. Esto incluye actitudes, perspectivas, motivos y comportamientos tales como: perversidad (astucia, maldad, desviaciones) (Proverbios 3:32), orgullo y listos para hacer el mal (Proverbios 6:16-18), y seguir el camino de los impíos (Proverbios 15:9).

- **Abominaciones Violentas**

Esta categoría describe varios ataques contra la santidad de la vida humana. Dentro de esta categoría estarían el asesinato (Proverbios 6:16-17) y el aborto (Éxodo 21:22-25).

¿Cuál debería ser entonces nuestra actitud hacia las abominaciones? Para responder a esta pregunta, el primer factor importante que debemos considerar es que la naturaleza esencial de Dios es inalterable.

Malaquías 3:6
Porque yo Jehová no cambio; por esto, hijos
de Jacob, no habéis sido consumidos.

Las cosas que le agradaron ayer le agradan hoy, y le agradarán mañana. Las cosas que le desagradaron ayer le desagradan hoy, y así será siempre.

Si algo le desagrada a Dios, lo es por su naturaleza destructiva. Él desea que sus hijos tengan vida en abundancia, y sabe que ciertas cosas son destructivas y mortales. Por este motivo, podemos concluir con seguridad que una vez que algo ha sido llamado una abominación para Dios, siempre será una abominación.

Recuerde, la definición de una abominación es algo que Dios aborrece, odia, detesta. Lo considera moralmente repugnante. Le causa "náusea espiritual".

Vuelvo a preguntar: ¿cómo debemos sentirnos ante las cosas que son abominación para Dios? La respuesta debería ser clara: debemos aborrecerlas, evitarlas, y tomar las medidas necesarias para alejarnos completamente de lo que desagrada al Señor. ¡Debemos rechazar cualquier elemento destructivo que busque influenciarnos!

Deuteronomio 7:26
Y no traerás cosa abominable a tu casa, para
que no seas anatema como ella; del todo la

aborrecerás y la abominarás, porque es
anatema.
Aunque el contexto de este versículo trata sobre ídolos, el
principio se extiende a cualquier cosa que sea una abominación.
Basándonos en la comprensión de Deuteronomio 7:26, quiero
ofrecer tres principios sobre las abominaciones que debemos
tener en cuenta:
1. **Está prohibido traer una abominación a nuestro**
hogar. Lo abominable influye en los miembros de la familia y
los corrompe. Comenzará a asumir las características asociadas
con algo que Dios odia.
2. **Lo que es abominable está maldito.** Algunas cosas son
benditas, mientras que otras son malditas. Cuando uno se asocia
con lo que es bendito o hace cosas que son benditas, se le
otorgan beneficios. (Un ejemplo sería un pecador que paga
diezmos y recibe bendiciones financieras como resultado). Sin
embargo, cuando uno se asocia con, o practica lo que es maldito,
abre la puerta a influencias negativas, y la maldición de Dios
reposa sobre él.
3. **La actitud hacia una abominación debe ser de odio**
total. Cuando se determina claramente que algo es una
abominación, el odio hacia ello debería motivarnos a separarnos
completamente de ello. Nuestra actitud debe impulsarnos a no
querer tener ninguna relación con eso.
2 Corintios 6:17
Por lo cual, salid de en medio de ellos, y
apartaos, dice el Señor, y no toquéis lo
inmundo; y yo os recibiré.
Puede parecer irrelevante para el título de este capítulo
("Protegiendo los Ojos"), pero existe un motivo por el que he
tomado tanto tiempo para tratar el tema de las abominaciones. Es
debido a la constante avalancha de abominaciones que se
transmiten ante nuestros ojos por medios electrónicos. En ningún
lugar es esto más evidente que en la televisión y en las películas.
En lo relacionado a la televisión como mueble, nada
concerniente con el metal, plástico, madera, vidrio o cables es
abominable. Sin embargo, la gran mayoría de la programación, sí
lo es.

De la misma manera, el papel, la tinta y el pegamento no son abominables. Sin embargo, algunos libros contienen abominaciones.

Una cámara y una película (o una imprenta) no son abominables. Pero pueden usarse para crear abominaciones. Quiero dejar claro que no es la tecnología la que es pecaminosa. Son las imágenes y los mensajes transmitidos los que representan abominaciones sin límite.

De hecho, las seis categorías de abominaciones son exhibidas —Y PROMOVIDAS— abiertamente en películas, videos y programas de televisión. Bíblicamente, el simple hecho de no participar activamente en una abominación no significa que no esté bajo condenación. El apóstol Pablo advirtió no solo sobre los que las hacen, sino ¡también sobre los que se deleitan en practicarlas!

Romanos 1:32
Quienes habiendo entendido el juicio de Dios, que los que practican tales cosas son dignos de muerte, no solo las hacen, sino que también se complacen con los que las practican.

Al principio de este capítulo señalé cómo lo que usted ve afecta en lo que eventualmente se convierte. Es por esta razón que no debemos ver nada que impacte negativamente nuestra condición espiritual. Permíteme ser claro: no se trata SOLO de la televisión. Esto se aplica a CUALQUIER medio de trasmisión que "ponga" algo inicuo "delante de nuestros ojos".

El impacto de la televisión ha sido indiscutiblemente establecido. Por ejemplo: "Los adolescentes que ven mucha televisión con contenido sexual tienen el doble de probabilidades de tener relaciones sexuales que aquellos que ven menos de estos programas, según un estudio publicado hoy".[81] El artículo continúa diciendo: "El impacto de la televisión es tan grande que incluso un cambio moderado en el contenido sexual que ven los

---

[81] Conlon, Michael, Reuters, *TV and Other Factors Lead to Early Teen Sex: Study*, https://www.reuters.com/article/lifestyle/tv-and-other-factors-lead-to-early-teen-sex-study-idUSTRE4AO049, November 24, 2008.

adolescentes podría tener un efecto considerable en su comportamiento sexual".[82]

Desde 1985, el predicador de la Asamblea de Dios, David Wilkerson, recopiló una lista de principios sobre las iniquidades de la televisión. La tituló "31 Razones Bíblicas por las que los Cristianos Victoriosos Deben Eliminar el Ídolo de la Televisión de sus Hogares".[83] Aunque no puedo respaldar todo lo que escribió, definitivamente acertó en lo que se refiere a la televisión.

Él escribió: "El mundo está a punto de arder y sus cimientos serán sacudidos por la mano todopoderosa de Dios, y los cristianos se sientan impasibles ante su ídolo televisivo, perdiendo su celo por Dios. ¡Cómo se estarán riendo Satanás y las huestes del infierno viendo a millones de cristianos sentados ante su caja idiota babilónica, perdiendo su pasión por el Señor!

"Satanás tiene tanto dominio por medio de la televisión de tal forma que no sería posible con otro tipo de invasión demoníaca. A través de este ídolo parlante, puede lograr en esta generación lo que logró en Edén. Una vez más el enemigo está tentando y seduciendo, usando las mismas tres seducciones: la vanagloria de la vida, el deseo de los ojos y el deseo de la carne. La televisión hace posibles que estas tres estén presentes.

"Hace veinticinco años, la televisión era bastante inocente e inofensiva. Había entretenimiento familiar saludable, y se honraban altos estándares morales. Un día de transmisión se cerraba con un mensaje y una oración..., En los últimos años todo esto ha cambiado, y ahora la televisión no es inocente, no es saludable, y no es digna del estándar moral de un devoto amante del Señor Jesucristo".

"Para cuando un adolescente cumple 18 años, ha visto el equivalente de 6 años de televisión y asistido solo 4 meses de iglesia. Y la gente me dice que la televisión no es un ídolo".[84]

---

[82] Conlon, Michael, Reuters, *TV and Other Factors Lead to Early Teen Sex: Study,* https://www.reuters.com/article/lifestyle/tv-and-other-factors-lead-to-early-teen-sex-study-idUSTRE4AO049, November 24, 2008.

[83] Wilkerson, David, *Set the Trumpet to Thy Mouth,* Sovereign World Publishers, 1985.

[84] Wilkerson, David, *Set the Trumpet to Thy Mouth,* Sovereign World Publishers, 1985.

Tristemente, hay quienes justifican tener televisión alegando que no hay diferencia entre la TV y la internet. Para empezar, si realmente creen eso, ¡también deberían deshacerse de la internet! Más allá de eso, SÍ existe una diferencia. De hecho, la internet tiene más en común con una biblioteca que con una televisión. Una biblioteca contiene una vasta variedad de literatura. Mucha de ella puede ser extremadamente útil. En muchas bibliotecas también hay libros pornográficos. La biblioteca en sí no es "maligna", pero ciertas áreas lo son. Todo depende de las elecciones que uno haga mientras está en esa instalación.

Una persona puede pasar todo el día en la biblioteca y nunca encontrarse con imágenes sexuales. Por el contrario, quien va a ese lugar BUSCANDO material inmundo puede pasar todo el día en el mismo edificio y ver UNICAMENTE perversión y profanación.

La internet no es más ni menos que una biblioteca electrónica. Siempre y cuando nos mantengamos alejados de las "áreas" impías, la internet puede ser de gran beneficio.

Pero la televisión (o en una sala de cine), tiene un marco muy diferente. Las únicas "opciones" que tiene el espectador son entre lo que varios productores o directores de programación impíos están ofreciendo.

Tal vez la mejor explicación que he escuchado fue una analogía que hace algunos años un hombre utilizó. Imagine que entra a un "buffet libre". Al llegar, observa dos mesas de buffet. Una está llena de basura e inmundicia, con alguna que otra comida de "buena calidad". La otra está repleta de PEOR basura e inmundicia, pero también contiene algunos de los alimentos más saludables disponibles. La verdadera diferencia es que, en la primera mesa (que casi no tiene alimentos buenos), alguien está detrás controlando lo que va en tu plato. En la otra, te dan los utensilios para llenar tu PROPIO plato. En esa línea, USTED es quien elige lo que pondrá en el plato y qué rechazará. ESA, amigos, es la diferencia entre la internet y la televisión. ¡En la TV, Hollywood controla los utensilios de servir!

Aunque muchas iglesias apostólicas todavía predican contra la televisión y las salas de cine, algunos miembros dentro de esas iglesias han encontrado métodos alternativos para ver el mismo contenido. ¿De qué sirve abstenerse de ir al cine si llevamos la misma película a nuestro hogar a través de la computadora, el celular u otro dispositivo electrónico?

Mucho antes de la llegada de la televisión, las iglesias de santidad predicaban en contra de ver películas impías. De hecho, incluso antes de que existieran las películas, estas iglesias ya predicaban en contra de ver obras teatrales y dramas impíos. Yo sostengo que la tecnología importa poco. Un pueblo apartado se abstendrá del contenido no saludable.

En "*Practical Holiness*", David Bernard escribe: "Los nuevos avances tecnológicos... nos enfrentan a nuevas situaciones. [Algunas personas pueden] ver la posibilidad de un uso inocente e incluso útil. Sin embargo, todo lo que sea objetable en el cine o la televisión ciertamente lo es también en estos sistemas. Por lo tanto, debemos rechazar la proyección de películas de Hollywood".[85]

Él continúa: "En algunos casos, familias que no ven películas ni televisión han permitido que un espíritu mundano entre en sus hogares mediante el video. Esto puede convertirse en un gran peligro para la iglesia... Solo debemos ver aquellas cosas que sean claramente compatibles con el estilo de vida cristiano, tales como grabaciones de actividades familiares y de la iglesia, y videos con fines educativos o de negocios".[86]

Personalmente, veo el video como la alternativa que el diablo utiliza para hacer que las personas empiecen a ver lo que antes se negaban a ver. Actualmente es posible ver prácticamente cualquier película de Hollywood en nuestras computadoras, tabletas y teléfonos inteligentes. ¿Deberíamos entonces predicar también contra estos dispositivos? No creo que esa sea la respuesta.

Creo que debemos continuar predicando contra la televisión. No hay ningún valor redentor en ella y absolutamente NINGUNA razón por la cual un cristiano deba tener —o

---

[85] Bernard, David K., *Practical Holiness: A Second Look,* Word Aflame Press, 1985.

[86] Bernard, David K., *Practical Holiness: A Second Look,* Word Aflame Press, 1985.

QUERER— una. También creo que debemos ser consistentes al evidenciar el contenido impío, independientemente de la tecnología involucrada.

Los principios bíblicos DEBEN ser nuestra guía. No permita que lo absorba el deleite en prácticas malsanas, impías o abominables. No lleve abominaciones a tu hogar. Haga un pacto con sus ojos.

Aquí hay algunos pactos que le recomiendo que haga con respecto a las abominaciones:

1. Me abstendré personalmente de cometer abominaciones.

2. Limpiaré mi hogar de toda abominación.

3. Me opondré a permitir que personas abominables influyan en nuestro hogar.

4. Me negaré a ser entretenido por prácticas abominables, ya sea viéndolas, leyendo sobre ellas o escuchándolas.

Aquellos que aún se mantienen fieles en contra de la influencia maligna de la televisión y las películas impías deben agradecer a Dios por haberlos librados de la devastadora influencia del mal que estas cosas traen. Solo la eternidad revelará cuántos hogares se han mantenido unidos, cuántos niños han sido salvaguardados de perder su fe en Dios, y cuántas iglesias han prosperado ganando almas, todo como resultado de la decisión de cuidar nuestros ojos —la ventana del alma.

GUARDANDONOS CONTRA LA INMORALIDAD

Proverbios 2:11-19
La discreción te guardará;
Te preservará la inteligencia,
12 Para librarte del mal camino, de los hombres
que hablan perversidades,13 Que dejan los
caminos derechos, para andar por sendas
tenebrosas;14 Que se alegran haciendo el mal,
Que se huelgan en las perversidades del
vicio;15 Cuyas veredas son torcidas,
Y torcidos sus caminos.16 Serás librado de la
mujer extraña, De la ajena que halaga con sus
palabras 17 La cual abandona al compañero de
su juventud, Y se olvida del pacto de su
Dios.18 Por lo cual su casa está inclinada a la
muerte, Y sus veredas hacia los
muertos;19 Todos los que a ella se lleguen, no
volverán, Ni seguirán otra vez los senderos de la
vida.20 Así andarás por el camino de los buenos,
Y seguirás las veredas de los justos;

El tema de este capítulo es delicado. Es un tema que
algunos líderes apostólicos no se sienten cómodos abordando.
Haré todo lo posible por ser cuidadoso en mi enfoque sobre este
asunto. ¡Sin embargo, estoy firmemente convencido que en la
actualidad debe ser tratado más que nunca! Tristemente, hay una
ola intensa de actividad sexual impía que está arrasando nuestro
mundo, y las iglesias conservadoras no están exentas. Cuando
hablamos sobre actos de inmoralidad sexual, lo primero que
debemos reconocer es que esto es mucho más que solo "un
pecado más". Como todos los pecados (excepto la blasfemia

contra el Espíritu Santo), la falla moral puede ser perdonada. No obstante, a diferencia de otros pecados, este deja un efecto prolongado que perdura toda la vida.

Proverbios 6:32-33
Mas el que comete adulterio es falto de entendimiento; Corrompe su alma el que tal hace.[33] *Heridas y vergüenza hallará, Y su afrenta nunca será borrada.*

El adulterio trae una vergüenza duradera que no puede removerse. Muchas otras traducciones usan la palabra "deshonra" en lugar de "afrenta". El escritor está diciendo que, aunque el pecado puede ser perdonado, hay cicatrices emocionales duraderas y otras consecuencias que nunca serán completamente eliminadas.

El dolor, devastación, duelo y vergüenza asociados con este pecado van mucho más allá del corazón de quien lo comete. Hablaremos de esto con más detalle más adelante.

Proverbios 2:18-19
Por lo cual su casa está inclinada a la muerte, Y sus veredas hacia los muertos;
19 Todos los que a ella se lleguen, no volverán, Ni seguirán otra vez los senderos de la vida

Una vez más, nadie se recupera completamente de esta devastación. ¡Nunca volverán a ser la misma persona que eran antes de su inmoralidad!

Proverbios 7 relata la historia de un joven "falto de entendimiento" que sucumbe a la seducción de una mujer impía, cediendo a los deseos de su carne. Para concluir la historia, Salomón describe el trágico resultado de ese momento de autocomplacencia

Proverbios 7:22-27
[22] *En seguida se marchó tras ella, Como va el buey al degolladero, Y como el necio a las prisiones para ser castigado;*
[23] *Como el ave que se apresura a la red, Y no sabe que es contra su vida, Hasta que la saeta traspasa su corazón.*

²⁴ Ahora pues, hijos, oídme,
Y estad atentos a las razones de mi boca.
²⁵ No se aparte tu corazón a sus caminos;
No yerres en sus veredas.
²⁶ Porque a muchos ha hecho caer heridos,
Y aun los más fuertes han sido muertos por ella.
²⁷ Camino al Seol es su casa,
Que conduce a las cámaras de la muerte.

Otra manera de traducir la palabra "cámaras" es "bóvedas más oscuras". Otro significado de "muerte" (como se usa aquí) es "ruina". La versión *Riggen Revised*[87] dice: "Su casa es camino al infierno, descendiendo a las bóvedas más oscuras de la ruina".

Más de medio siglo sirviendo a Dios me ha permitido ver un patrón claro: si un espíritu de inmoralidad logra abrirse paso dentro de una iglesia, el resultado puede literalmente paralizar por completo a la congregación.

Según lo que me han contado, una denominación importante estuvo en su momento dispuesta a aceptar el mensaje pentecostal. Sin embargo, descubrieron que el líder pentecostal prominente que colaboraba con ellos era culpable de inmoralidad. La infidelidad de un solo hombre los impactó de tal forma que se alejaron del mensaje como movimiento. No quisieron tener ninguna relación con nada que llevara el nombre "pentecostal".

Dado que las consecuencias son tan devastadoras, el enemigo hará todo lo posible por atacar a toda congregación que predique la verdad en el área de la inmoralidad. El buen pueblo de Dios debe luchar contra este espíritu con toda su fuerza, si quiere que su iglesia tenga éxito.

La única manera en que una iglesia puede ser verdaderamente victoriosa es si CADA UNO DE LOS SANTOS triunfan sobre ese espíritu de una vez por todas y para siempre. Aquellos que no lo conquisten, terminarán perdiendo su relación con Dios.

---

[87] Para quienes no estén familiarizados con mis escritos, utilizo este término cuando ofrezco lo que considero una expresión más clara de un versículo de la Escritura. Baso estas interpretaciones en mi comprensión del idioma original y en las aportaciones de eruditos. No existe ningún libro con este título.

NO caiga en la trampa de decir: "Eso nunca me pasará a mí o a mi familia". Eso es precisamente lo que el diablo quiere que piense, para que baje la guardia.

Existen numerosas Escrituras que podría usar para demostrar la pecaminosidad de varios actos individuales. Sin embargo, deseo utilizar estas páginas para proporcionar algunos principios que le ayuden en esta lucha.

Antes de entrar en esos principios, quiero abordar lo que podría ser uno de los momentos más peligrosos en la vida de un joven. Es cuando comienzan a "salir" (o "cortejar" – dependiendo de las normas de la iglesia local) cuando enfrentan la mayor posibilidad de ceder ante un espíritu de inmoralidad.

Voy a compartir algunas ideas sobre este tema con la advertencia de que todo santo debe seguir las enseñanzas de su pastor. Él sabe lo que es mejor para el rebaño local, y mis opiniones no tienen como objetivo usurpar (ni siquiera cuestionar) su autoridad.

En mi opinión, el "noviazgo" cristiano NO debe ser recreativo. Debe tener como propósito encontrar un cónyuge. Me atrevo a sugerir que si alguien no puede imaginarse estar casado con tal o cual persona, ¡ni siquiera debería salir con él/ella!

Además, si un joven no puede sostener económicamente a una esposa, probablemente no sea sabio que comience a salir o cortejar a una joven. ¡Primero pon tu casa en orden antes de intentar traer a alguien más a ella!

La otra cara de esta moneda también es cierta: si una joven no puede mantener su cuarto limpio ni mostrar otras señales de responsabilidad, no necesita estar saliendo o cortejando a un joven.

Por cierto, una de las peores cosas que puede hacer un joven es interesarse en alguien sin hablar PRIMERO con su pastor. En muchas ocasiones, las emociones del joven se involucran antes de buscar dirección espiritual. Luego, su corazón termina roto (o elige desobedecer) si el pastor tiene que decirle que no siente paz con esa relación.

Es muy probable que el pastor sepa cosas (o sienta cosas) acerca de una persona que el interesado no tiene manera de saber. Debe buscar la guía del pastor antes de iniciar una relación por su propia seguridad.

Además, los jóvenes deben buscar el consejo y consentimiento de sus padres. Esto es especialmente cierto si los padres son parte de la iglesia. (leer Efesios 6:1)

Estas palabras son para los padres que estén leyendo este libro: ustedes son, en última instancia, responsables de hacer cumplir las normas de su iglesia, cualesquiera que estas sean. Recomiendo encarecidamente que tengan una conversación con sus hijos y conversen sobre las reglas y normas. Luego, asegúrense de que esas reglas se cumplan dentro del hogar.

Habiendo dicho eso, permítanme pasar ahora a algunos principios bíblicos específicos que los ayudarán a protegerse de los actos (y del espíritu) de inmoralidad. Aunque no son profundamente complejos, sí son absolutamente esenciales:

• **Ama a Dios.**
Esto debería ser bastante evidente, pero vale la pena mencionarlo. Por encima de todo, debes desarrollar un amor profundo, sincero y duradero por Jesucristo.

> ***Marcos 12:30***
> *Y amarás al Señor tu Dios con todo tu corazón, y con toda tu alma, y con toda tu mente y con todas tus fuerzas. Este es el principal mandamiento.*

El amor por Dios lo ayudará a esforzarse por agradarle en todo momento y en todos los sentidos. Su poder es lo suficientemente fuerte como para sostenerlo, sin importar cuán abrumadora sea la tentación.

> **Judas 1:24**
> *Y a aquel que es poderoso para guardaros sin caída, y presentaros sin mancha delante de su gloria con gran alegría.*

Cuando José era un esclavo en Egipto y enfrentó la tentación, no tenía familia ni amigos que lo guiaran o lo ayudaran. Además, no había ninguna autoridad espiritual sobre él de la cual pudiera temer represión. Lo único que lo sostuvo en la hora de la prueba fue su amor por Dios.

Genesis 39:7-9

Aconteció después de esto, que la mujer de su amo puso sus ojos en José, y dijo: Duerme conmigo. ⁸ Y él no quiso, y dijo a la mujer de su amo: He aquí que mi señor no se preocupa conmigo de lo que hay en casa, y ha puesto en mi mano todo lo que tiene.⁹ No hay otro mayor que yo en esta casa, y ninguna cosa me ha reservado sino a ti, por cuanto tú eres su mujer; ¿cómo, pues, haría yo este grande mal, y pecaría contra Dios?

• **Use la Palabra.**

Hay poder en la Palabra de Dios. La memorización y reiteración de versículos puede ofrecer protección cuando la carne, el diablo o el mundo intentan desviarnos. El salmista David habló sobre esta verdad.

Salmos 119:11

En mi corazón he guardado tus dichos,
Para no pecar contra ti.

Cuando leemos sobre la tentación de Jesús en el desierto, vemos que Él usó la Palabra contra Satanás durante Su prueba. Cada vez que el diablo le ofrecía una oportunidad de hacer lo malo, la respuesta del Señor fue aludir las Escrituras. (Ver Mateo 4:1–14.)

A continuación, les ofrezco una muestra de versículos que pueden ser útiles en tiempos de tentación. Sería bueno atesorar estos, y otros pasajes pertinentes, <u>en su corazón</u>. Léalos, apréndalos, recítelos, <u>a fin de</u> que no peque contra Dios.

1 Crónicas 4:10

E invocó Jabes al Dios de Israel, diciendo: ¡Oh, si me dieras bendición, y ensancharas mi territorio, y si tu mano estuviera conmigo, y me libraras de mal, para que no me dañe! Y le otorgó Dios lo que pidió.

Matthew 6:13

4344343232322343334434323344

> *Y no nos metas en tentación, mas líbranos del mal; porque tuyo es el reino, y el   poder, y la gloria, por todos los siglos.   Amén*
>
> **Proverbios 2:16-18**
> *Serás librado de la mujer extraña, De la ajena que halaga con sus palabras, [17] La cual abandona al compañero de su juventud, Y se olvida del pacto de su Dios. [18] Por lo cual su casa está inclinada a la muerte, Y sus veredas hacia los muertos;*

Obviamente, hay MUCHAS otras Escrituras que podría compartir. No tomaré el tiempo para escribirlas todas, pero mencionaré algunas del Libro de Proverbios: 2:19-20, 5:1-23, 6:24-35, 7:5-27, 9:13-18, 22:14, 23:26-28 y 30:20.

Cuando enfrente la tentación, hay un pasaje excelente que debe recordar. Se encuentra en la primera carta de Pablo a la iglesia en Corinto.

> **1 Corintios 10:13**
> *No os ha sobrevenido ninguna tentación que no sea humana; pero fiel es Dios, que no os dejará ser tentados más de lo que podéis resistir, sino que dará también juntamente con la tentación la salida, para que podáis soportar.*

El diablo con frecuencia intentará convencerlo de que usted es el único que ha enfrentado esta tentación. Pero este versículo nos hace saber que en realidad es algo común. También nos asegura que si sinceramente lo buscamos, Dios SÍ nos ayudará a escapar la tentación.

Otro hecho importante que debemos recordar sobre los momentos de tentación es que las pruebas nos hacen más sabios, más fuerte y nos prepara mejor para ayudar a otros. Dios permite que ciertas cosas lleguen a nuestra vida para revelarlos nuestras debilidades y de esa manera poder tratarlas. Así, Él purifica a quienes vencen cuando son tentados.

> **Job 23:10**
> *Mas él conoce mi camino; Me probará, y saldré como oro*

- *¡Manténgase ocupado laborando para Dios!*

Fue durante un tiempo de ocio cuando David cometió adulterio con Betsabé. En lugar de estar en el campo de batalla, donde debería haber estado, él eligió permanecer en casa.

2 Samuel 11:1
Aconteció al año siguiente, en el tiempo que salen los reyes a la guerra, que David envió a Joab, y con él a sus siervos y a todo Israel, y destruyeron a los amonitas, y sitiaron a Rabá; pero David se quedó en Jerusalén.

Cuando se encuentre luchando con la carne, sumérjase en la obra de Dios. De estudios bíblicos, anime a otros — en otras palabras, salga de sí mismo y de su problema. No se deje aislar y consumir.

- *Mantenga su Integridad.*

Proverbios 20:7
Camina en su integridad el justo; sus hijos son dichosos después de él.

La integridad es hacer lo correcto incluso ¡cuando nadie lo está mirando! En cada aspecto de su vida, debe decidir agradar a Dios sin importar cuán difícil pueda parecer en el momento. Si comienza a ceder en un área, debilita su determinación en todas las demás. Dios nos ha ofrecido "la coraza de justicia" (Efesios 6:14) para proteger nuestro corazón contra las artimañas del diablo — ¡y contra nuestra propia carne!

El libro de Génesis relata una situación en la que Abimelec (un rey pagano) fue "detenido" de cometer adulterio. Dios dijo que fue porque vio la integridad del corazón del rey.

Genesis 20:6
Y le dijo Dios en sueños: Yo también sé que con integridad de tu corazón has hecho esto; y yo también te detuve de pecar contra mí, y así no te permití que la tocases.

Estoy convencido de que Dios proveerá fuerza sobrenatural a la persona que vive una vida constante de integridad. Por otro lado, la Biblia indica que una persona puede volverse tan descuidada en su caminar con Dios que Él retira toda restricción, permitiendo que ese individuo se destruya a sí mismo por medio de actos de inmoralidad.

Proverbios 22:14
The Fosa profunda es la boca de la mujer extraña; Aquel contra el cual Jehová estuviere airado caerá en ella

- *Use su Mente*

El Gran Creador nos ha dotado a cada uno de nosotros con una herramienta asombrosa —y poderosa—: nuestra mente. Como lo mencioné en un capítulo anterior, nuestros pensamientos eventualmente determinan nuestro estilo de vida. (Ver Proverbios 23:7). Siendo así, la persona que puede "ceñir los lomos" de su mente (1 Pedro 1:13) será capaz de vencer los deseos carnales que luchan contra su alma.

Pablo habló del poder de nuestra mente al tratar con las armas de guerra espirituales que se le han dado al cristiano. También nos explicó exactamente cómo usar esa arma.

2 Corintios 10:4-5
Porque las armas de nuestra milicia no son carnales, sino poderosas en Dios para la destrucción de fortalezas, [5] derribando argumentos y toda altivez que se levanta contra el conocimiento de Dios, y llevando cautivo todo pensamiento a la obediencia a Cristo;

Cuando sus pensamientos comiencen a enfocarse en cosas impías, debe ser proactivo. Observe la terminología que usó Pablo: "derribando" y "llevando cautivo". ¡Estos no son conceptos pasivos! ¡CADA PENSAMIENTO debe ser llevado "a la obediencia a Cristo"!

¡NO puede vivir teniendo pensamientos impuros sin que estos afecten sus acciones! Ralph Waldo Emerson dijo: "Siembras un pensamiento y cosechas una acción; siembras una acción y cosechas un hábito; siembras un hábito y cosechas un carácter; siembras un carácter y cosechas un destino".[88] Todo comienza con un pensamiento.

Esto ayuda a entender cuán peligrosa es la pornografía. Aunque tal vez no haya un acto físico de fornicación o adulterio, ciertamente está aconteciendo en la mente del espectador. Cabe señalar que, según las Escrituras, Dios ve tanto el acto físico como los pensamientos mentales como uno solo.

Mateo 5:28
Pero yo os digo que cualquiera que mira a una mujer para codiciarla, ya adulteró con ella en su corazón.

Es imposible enfatizar lo suficiente cuán importante es mantener el control de nuestros pensamientos. Aquello en lo que decida permitir que su mente resida debe cumplir con los criterios establecidos en el Libro de Filipenses.

Filipenses 4:8
Por lo demás, hermanos, todo lo que es verdadero, todo lo honesto, todo lo justo, todo lo puro, todo lo amable, todo lo que es de buen nombre; si hay virtud alguna, si algo digno de alabanza, en esto pensad.

Por supuesto, nuestros pensamientos a menudo son dirigidos por las cosas que permitimos que nuestros ojos vean. Como ya dediqué un capítulo entero a este tema, solo quiero recordarle que tenga mucho cuidado con lo que decida "poner delante de sus ojos" (ver Salmos 101:3).

Una forma de "llevar cautivos tus pensamientos" es haciendo una lista de las cosas que podría perder si cede a los deseos de tu carne. En la lista debería incluir:

o Su alma (si no pudiera recuperarse espiritualmente —y muchos no lo logran)
o Su respeto propio y el respeto de los demás
o Su familia, y posiblemente su salvación
o Si se trata de un compañero de trabajo, su empleo, y quizás cualquier posibilidad de un futuro decente

---

[88] Emerson, Ralph Waldo, *Sow a Thought and You Reap an Action, The Complete Works of Ralph Waldo Emerson,* editado por Edward Waldo Emerson, vol. 2, Houghton, Mifflin and Company, 1883.

Aunque esta no es una lista exhaustiva, puede ayudarle a evaluar los riesgos involucrados. Cuando se presenta la tentación, repase su lista y expulse esa imaginación. ¡Hacerlo, con la ayuda de Dios, puede convencerlo de que ceder no vale el precio que terminará pagando!

También puede hacer una lista que le recuerde el increíble daño, vergüenza, dolor y tristeza que la inmoralidad causaría a: Dios, ambas familias, la Iglesia (daño local), el Reino (daño global), los santos, sus amigos, los inconversos, a usted mismo, y a la persona con la que cometería el pecado.

En el caso de que caiga en inmoralidad con alguien que no es miembro de la iglesia, es muy probable que esa persona nunca acepte la verdad. Su acto de injusticia le comunica que realmente no hay nada en el poder de Dios para salvar y guardar. Probablemente creerán que toda la iglesia está llena de hipócritas.

En una situación así, podrías ser culpable de OTRA tragedia: dar justo motivo a los de fuera del Reino de Dios para hablar mal de Su pueblo. Esto fue exactamente lo que el Señor dijo acerca de David después de que cometió adulterio.

Samuel 12:14
Mas por cuanto con este asunto hiciste blasfemar a los enemigos de Jehová, el hijo que te ha nacido ciertamente morirá.

Ha habido raras ocasiones en las que un pecador se ha involucrado con alguien que se suponía era cristiano y eventualmente llegó a conocer a Dios. Sin embargo, incluso cuando esto ha sucedido, sin duda han tenido que vivir una vida atormentada por el remordimiento.

Anteriormente ofrecí consejos a los jóvenes solteros. Ahora, me gustaría proporcionar algunas orientaciones para los matrimonios. Lo que sigue son instrucciones aplicables de forma especial a los que están casados. Seguir estos principios ofrecerá una gran protección para su relación:

• **Ame a su cónyuge.**
El amor es algo que debe renovarse constantemente. Es una insensatez pensar que, solo porque seguimos juntos, el amor se

mantendrá tan fresco como al principio si no trabajamos activamente en nuestro matrimonio.

Después de más de 40 años de pastorear, podría escribir un volumen entero solo sobre este tema, pero basta decir que todo lo que hicimos al principio para ganar el afecto de nuestro cónyuge, deberíamos seguir haciéndolo para mantener ese afecto.

Amar a nuestra esposa o esposo no es una opción. Es un mandamiento de las Escrituras.

Efesios 5:33
Por lo demás, cada uno de vosotros ame también a su mujer como a sí mismo; y la mujer respete a su marido.

Debe esforzarse por mantener su matrimonio en la mejor condición posible. Aquí hay algunas cosas que puede hacer para facilitar este objetivo:

o   Use cada situación negativa como una oportunidad para construir una mejor relación.
o   Aprenda de errores pasados para no repetirlos.
o   Ore específicamente para que Dios ponga un amor profundo en su corazón por tu cónyuge.
o   Trabaje constantemente en mantener una buena comunicación.
o   Ore por sabiduría y entendimiento, tanto para usted como para su cónyuge.
o   Tómese tiempo especial para estar juntos.
o   Escuche el radar interior que Dios ha puesto en el corazón de su cónyuge para advertirte sobre las malas intenciones de otros.
o   Séa totalmente, incluso dolorosamente, honesto con Dios, consigo mismo y con su cónyuge acerca de sus sentimientos e intenciones.
o   Sin embargo, una vez que hable con Dios al respecto, pase a otras áreas de oración. No se deje absorber por el problema del yo.
o   Conozca las necesidades emocionales de su cónyuge y trabaje en satisfacerlas.

El Dr. Willard Harley dice que los hombres y las mujeres generalmente tienen cinco "necesidades" básicas que, cuando se satisfacen, mantienen el amor fresco. Según su investigación, la mayoría de las mujeres necesitan: Afecto, conversación, honestidad y apertura, apoyo financiero, compromiso con la familia. Por otro lado los hombres generalmente necesitan: satisfacción sexual; compañerismo recreativo, una esposa atractiva, apoyo doméstico, admiración. El Dr. Harley sostiene que si cada cónyuge se enfoca en satisfacer al menos dos o tres de estas necesidades, la relación se mantendrá fuerte.[89]

• **Establezca principios firmes que gobiernen su vida.** Cree y mantenga un "Plan de Protección" que haga extremadamente difícil caer. Este plan debe incluir:

o *Nunca este a solas con una persona del sexo opuesto.* Ya sea en un auto, casa o incluso en la iglesia, es mejor tener a otra persona presente.

o *Mantenga las conversaciones hacia temas apropiados y limítelas en tiempo.* Algunos asuntos no se deben discutir en compañía mixta, incluso si todos están casados. Si deseas hacer un cumplido a alguien del sexo opuesto, es mejor hacerlo a través de su cónyuge.

o *Evite los "toquecitos" y "abrazos".* Incluso un apretón de manos puede durar demasiado. Pablo dijo que es bueno no tocar a una mujer —y sí, esa palabra se refiere a un toque literal (1 Corintios 7:1).

o *¡No sea coqueto!* Algún día, alguien podría tomarlo en serio.

o *Recuerde que su peor enemigo puede ser su propio ego.* Proverbios asocia la lujuria con el halago (ver Proverbios 2:16 y 7:5). El ego no solo es peligroso en el orgullo, sino también cuando lucha con sentimientos de inferioridad. Tenga cuidado con aquellos que apelan a su ego o intentan suplir necesidades emocionales que solo Dios o su cónyuge deberían satisfacer.

Debe levantar banderas rojas si alguien le ofrece consuelo o comprensión hablando mal de su cónyuge, por más sutil que parezca. Como alguien dijo: "Solo confía que tu madre no tiene una intención seductora oculta".

---

[89] Harley, Dr. Willard F., Jr., *His Needs, Her Needs,* Baker Publishing Group, 2011.

Examínese para detectar cualquier señal de egoísmo y haga lo posible por eliminarla. La mayoría del pecado moral surge de una raíz de egoísmo.

o *Rodéese de buenos amigos.*
La palabra clave es *buenos*. Los buenos amigos lo inspiran a hacer el bien.

1 Corintios 15:33
No erréis; las malas conversaciones corrompen las buenas costumbres.

La *Bible in Basic English* lo dice así: "No se dejen engañar por falsas palabras: la mala compañía daña la buena conducta".[90] La *English Standard Version* traduce: "No se engañen: 'Las malas compañías arruinan las buenas costumbres".[91] La *Common English Bible* lo expresa: "No se engañen. Los malos amigos los destruirán".[92]

o *Establezca que su pastor (o la esposa del pastor) sea su único confidente fiel.*
No trate de luchar con los problemas matrimoniales usted solo. El enemigo prospera en la confusión y la condenación que siente. Aun así, evite discutir problemas matrimoniales profundos con otro miembro de la congregación.

Después de las cosas necesarias para sobrevivir (comida, agua, etc.), la sexualidad humana puede ser el impulso más fuerte que una persona experimente. Tener control en esta área es absolutamente esencial. Es mi sincera oración que estas sugerencias simples puedan ayudar a alguien a mantenerse "sin mancha del mundo" (Santiago 1:27) y, al hacerlo, vivir una vida de "santificación y honra".

1 Tesalonicenses 4:3-4
Pues la voluntad de Dios es vuestra santificación; que os apartéis de fornicación; que cada uno de vosotros sepa tener su propio cuerpo en santificación y honor.

---

[90] Hooke, S. H., *The Bible in Basic English,* Cambridge University Press, 1982.

[91] *The Holy Bible: English Standard Version,* Crossway Books, 2001.

[92] *The Holy Bible: The Common English Bible,* Abingdon Press, 2011

ATAVÍO EXTERNO

1 Timoteo 2:8-10
Quiero, pues, que los hombres oren en todo lugar,
levantando manos santas, sin ira ni contienda.
⁹Asimismo que las mujeres se atavíen de ropa
decorosa, con pudor y modestia; no con peinado
ostentoso, ni oro, ni perlas, ni vestidos costosos,
¹⁰sino con buenas obras, como corresponde a mujeres
que profesan piedad.

En el Capítulo 3, expliqué con base bíblica cómo lo que llevamos puesto SÍ le importa a Dios. Hablé sobre como la declaración "Jehová mira el corazón" (1 Samuel 16:7), mostrando que no tiene nada que ver con la ropa y, por tanto, no puede usarse fielmente para negar la necesidad de una vestimenta piadosa.

También mostré la importancia de la vestimenta al abordar los ejemplos de Adán y Eva (Génesis 3:21), Josué el sumo sacerdote (Zacarías 3:3-5) y el endemoniado gadareno (Marcos 5:15). Señalé que los sacerdotes que servían en el tabernáculo debían vestirse primero para gloria y luego para hermosura (Éxodo 28:2).

Luego demostré que los escritores del Nuevo Testamento también hablaron sobre el atavío exterior. Como ejemplos, cité a Pablo en 1 Timoteo 2:8-10 y a Pedro en 1 Pedro 3:3-5. Habiendo establecido este hecho, utilizaré este capítulo para tratar lo que la Biblia dice específicamente sobre nuestra apariencia exterior. Me enfocaré en tres áreas básicas del adorno: la ropa, los cosméticos y la ropa costosa.

- **Vestimenta**

Hay tres criterios importantes deben regir la vestimenta de un cristiano. Cada uno de estos está basado en un principio bíblico.

  o Debe ser modesta

1 Timoteo 2:9
Asimismo que las mujeres se atavíen de ropa decorosa, con pudor y modestia; no con peinado ostentoso, ni oro, ni perlas, ni vestidos costosos.

""Modesta" y/o "modestia" pueden definirse de varias maneras. Una de ellas es: "pequeño, escaso".[93] Esto significaría evitar los extremos. Por ejemplo, alguien podría pedir una porción "modesta" de comida cuando se le sirve. Con esto simplemente quiere decir que no desea ni demasiado, ni muy poco. En este caso, la implicación de la palabra es "en un punto intermedio".

La palabra "modestia" también lleva consigo la connotación de humildad. Es "sencillo, llano".[94] Otra definición estrechamente relacionada es "recatado, pudoroso púdico".[95]Ambas implican no estar dado al orgullo ni a la coquetería.

Todo esto nos da una comprensión adecuada de lo que significa vestir con "ropa modesta". Usando estas definiciones, deberíamos poder llegar fácilmente a entender lo que implica este mandato bíblico.

Cuando Dios vistió a Adán y Eva en el jardín, lo hizo con el propósito explícito de cubrir su desnudez. Al combinar ese hecho con las definiciones anteriormente dadas, no deberíamos tener ningún problema estableciendo un "estándar" de modestia.

Para ilustrar lo que quiero decir, consideremos el largo de las mangas. Si deseamos tener mangas "modestas," primero debemos preguntarnos: ¿qué estamos tratando de cubrir?

---

[93] Diccionario de la Real Academia Española https://www.rae.es/

[94] Dictionary.com, www.dictionary.com

[95] Diccionario de la Real Academia Española https://www.rae.es/

Obviamente, la respuesta es los brazos. Por lo tanto, si queremos asegurarnos de que nuestras mangas sean modestas, debemos: (1) Cubrir cualquier parte que pueda considerarse indecente. (2) Evitar parecer coquetos o provocativos. (3) Fijar un largo que al menos cubra el punto medio entre el hombro y la muñeca (es decir, el codo).

Por tanto, tendría sentido decir que el mínimo requerido sea cubrir el codo. Sin embargo, se debe considerar que este punto medio debe estar cubierto en todo momento —incluso al levantar las manos o moverse de cualquier forma—. Esto me lleva a creer que el estándar para la longitud de la manga debe ser por debajo del codo, lo cual garantiza que el punto medio nunca quede expuesto al público.

El mismo patrón puede usarse para la longitud de la falda de una mujer. En este caso, se trata de cubrir la pierna. El punto medio sería la rodilla. Asegurándonos de que la falda sea lo suficientemente larga como para que la rodilla nunca quede expuesta (ya sea al estar de pie, sentada o en movimiento) sería considerado "modesto".

Cabe añadir que tener un dobladillo que caiga bien por debajo de la rodilla de poco sirve si la pierna queda expuesta por medio de una abertura (o "*split*") en la falda. De hecho, una abertura puede resultar incluso más provocativa que una falda más corta sin apertura. Se puede argumentar que una abertura llama más la atención a la pierna (la cual se supone debe estar cubierta), y puede sugerir una invitación visual a mirar por encima del dobladillo.

Los escotes deben estar diseñados de tal manera que la persona esté decente desde cualquier ángulo. Por ejemplo, si una mujer se acerca al frente para orar, su pastor no debería sentirse obligado a apartar la vista porque el escote es tan bajo (o cuelga tan suelto) que mirar en su dirección representa un riesgo de ver más de lo debido.

Por supuesto, una persona puede cumplir —o incluso exceder— cualquiera de estas pautas y aun así no ser modesta. Si la prenda que lleva puesta es demasiado ajustada, no importa cuán largas sean las mangas o la falda, ni cuán alto sea el escote. Una prenda muy ceñida o ajustada sigue siendo indecente.

Permítanme interrumpir para aclarar algo en este punto. Quiero enfatizar nuevamente que no tengo el deseo, ni la autoridad, de establecer un estándar para ninguna congregación que no sea la que Dios ha puesto bajo mi responsabilidad. Esa no es mi intención.

Todo lo que quiero hacer es ofrecer algunas pautas muy básicas que puedan ayudar a aquellos de corazón sincero que genuinamente desean saber más sobre cómo pueden agradar a Dios. El lector debe obedecer las pautas que su pastor piadoso haya establecido con oración y cuidado para su iglesia, bajo la guía de la Palabra de Dios.

o   Debe indicar una distinción entre los sexos.

Deuteronomio 22:5

No vestirá la mujer traje de hombre, ni el hombre vestirá ropa de mujer; porque abominación es a Jehová tu Dios cualquiera que esto hace.

En el capítulo 9, dediqué varias páginas para tratar el tema de las abominaciones. No solo expliqué qué son, sino también mostré que todo lo que Dios alguna vez consideró abominable sigue estando en esa categoría hasta el día de hoy.

Esta es la razón por la cual obedecemos Deuteronomio 22:5, pero no creemos que otros mandamientos del mismo capítulo se apliquen a nosotros hoy. Cosas como usar prendas hechas de diferentes materiales o sembrar distintos tipos de semillas en una misma parcela eran requisitos del sistema religioso judío. Este versículo, en cambio, declara claramente que usar ropa asociada con el sexo opuesto es una abominación para Dios.

Si observamos detenidamente el versículo, vemos que el Señor declaró sin ambigüedad que la ropa que usan los hombres y las mujeres debe ser claramente representativa del sexo del que la lleva puesta. Sin embargo, ponga atención al lenguaje exacto que Dios utilizó.

Dijo que es abominación que el hombre lleve puesta "ropa de mujer". Por otro lado, para la mujer, Dios dijo que es abominación que ella vista "traje de hombre". La palabra "traje' no concierne al "suit" moderno, sino más bien a un atuendo específico o un conjunto preparado para cierta ocasión, en este verso indica "lo que corresponde al hombre". Por lo tanto, para la mujer, va más allá de simplemente usar algo que PERTENEZCA a un hombre. ¡Ella tiene prohibido usar cualquier cosa que siquiera tenga relación con el hombre! La palabra "relación" (o '*pertain*' en inglés) significa tener referencia o correlación. No hay duda de que los pantalones están relacionados con los hombres, y no solo en los Estados Unidos. Esto es verdad en todo el mundo. He tenido el privilegio de viajar a muchos países, y en todos los casos, la distinción entre los baños de hombres y mujeres SIEMPRE fue que el baño de hombres tenía una figura con pantalones.

Aun así, la Biblia hace una conexión clara entre los pantalones y los hombres. La primera mención de los pantalones se encuentra en Éxodo 28, donde el Señor instruyó a los sacerdotes a usar "calzoncillos de lino". Cada otro pasaje que menciona estos "calzoncillos" también describe la vestimenta de los sacerdotes, quienes eran TODOS hombres.

Al usar la palabra "relación," la prohibición de Dios va más allá de lo que fue creado para el hombre o destinado a él. Si de alguna manera está relacionado con la masculinidad, una mujer está cometiendo una abominación si lo usa. Esto significa que una mujer no puede decir: "estos son pantalones femeninos" y pensar que eso excusa su práctica.

Es muy preocupante que muchas iglesias que antes sostenían esta Escritura hayan comenzado a justificarla o a minimizarla. En lugar de tratar de hacer que la Biblia encaje con nuestro estilo de vida, ¡deberíamos adaptar nuestro estilo de vida a la Biblia! Incluso entre algunas iglesias conservadoras con historial firme, este concepto se ha relajado y se han hecho ciertas "excepciones". Esto no debería ser así.

Si Dios considera algo tan repugnante que le causa náuseas, ¿por qué alguien pensaría que puede encontrar alguna excusa que permita aquello que es tan inaceptable? Debido a que Dios siente de esta manera, este tema debe ser tratado con más seriedad que incluso el tema general de la modestia. Francamente, no puedo imaginar un escenario en el cual una se le permita a una mujer ataviarse con pantalones de ningún tipo, en ningún momento. ¡Ni tampoco debería estar permitido que use algo que incluso parezca pantalones ante los demás!

○ Debe mostrar una distinción entre el mundo y la iglesia

2 Corintios 6:17-18
Por lo cual, Salid de en medio de ellos, y apartaos, dice el Señor, Y no toquéis lo inmundo; Y yo os recibiré, [18] Y seré para vosotros por Padre, Y vosotros me seréis hijos e hijas, dice el Señor Todopoderoso.

Para mí, es increíble ver cuántas personas que dicen ser cristianas desean seguir las modas y tendencias de este mundo. El apóstol Pablo dijo que solo cuando nos hemos separado del mundo, Dios está dispuesto a considerarnos Sus hijos. ¡Qué vergüenza que un diseñador afeminado de modas en París tenga más influencia sobre la iglesia que un hombre ungido por Dios! No deberíamos permitir que quienes están fuera de la iglesia determinen cómo nos vestimos. Nuestro manual de vida es la Biblia, no las tendencias más recientes. Como pueblo de Dios, los pecadores deberían poder distinguirnos desde lejos como alguien diferente.

Tal vez usted sea un nuevo convertido leyendo este libro. Si es así, lo animo a que observe a su pastor y a la esposa del pastor como ejemplo, y que se moldees según su apariencia. Su manera de vestir mostrará claramente lo que se espera de quienes han nacido dentro de la familia de la iglesia local.

Ya sea que sea un nuevo creyente o un santo establecido, ¡todos deberíamos agradecer a Dios por la apariencia distintiva de los apostólicos del Nombre! Es algo maravilloso tener un "parecido familiar" que nos distingue claramente del resto del mundo.

• Cosméticos

Pasando del tema de la vestimenta, es imprescindible que tratemos el uso de cosméticos. La Biblia hace declaraciones claras respecto a este tema. En 1 Timoteo, Pablo no solo instruye a las mujeres a vestirse con modestia, sino que también les ordena ser "vergonzosas".

1 Timothy 2:9-10

Asimismo que las mujeres se atavíen de ropa decorosa, con pudor y modestia; no con peinado ostentoso, ni oro, ni perlas, ni vestidos costosos, [10] *sino con buenas obras, como corresponde a mujeres que profesan piedad.*

La palabra "pudor" (*shamefacedness* en inglés) significa timidez o sobriedad. La idea es no llevar nada en el rostro por causa de orgullo o coquetería.

La única razón por la cual una persona usaría maquillaje sería por orgullo o con la intención de volverse "atractiva" y apelar a los deseos de otro. Ambas razones violan los parámetros de pudor mencionado en la Escritura.

Esto no es solo una opinión personal. La Biblia hace una conexión directa entre los cosméticos y el espíritu de prostitución. Un ejemplo se encuentra en 2 Reyes 9:30, donde Jezabel "se pintó los ojos" en un intento por seducir a Jehú.

Hablando por medio del profeta Ezequiel, Dios se refirió a Israel —quien se había apartado— como una nación "envejecida en adulterios". Para ilustrar esto, Él dijo que se habían maquillado y se habían adornado con joyas.

Ezequiel 23:40-43

*Además, enviaron por hombres que viniesen de lejos, a los cuales había sido enviado mensajero, y he aquí vinieron; y por amor de ellos te lavaste, **y pintaste tus ojos**, y te ataviaste con adornos;* [41] *y te sentaste sobre suntuoso estrado, y fue preparada mesa delante de él, y sobre ella pusiste mi incienso y mi aceite.* [42] *Y se oyó en ella voz de compañía que se solazaba con ella; y con los varones de la gente común fueron traídos los sabeos del desierto, y pusieron pulseras en sus manos, y bellas coronas sobre sus cabezas.* [43] *Y dije respecto de la envejecida en adulterios: ¿Todavía **cometerán fornicaciones** con ella, y ella con ellos? [énfasis adicional].*

Jeremías abordó este mismo concepto. Habló de los "amantes" de Israel, diciendo que los judíos habían tratado de atraerlos usando joyas y aplicándose maquillaje.

Jeremiah 4:30

Y tú, destruida, ¿qué harás? Aunque te vistas de grana, aunque te adornes con atavíos de oro, aunque pintes con antimonio tus ojos, en vano te engalanas; te menospreciarán tus amantes, buscarán tu vida.

Los líderes de la iglesia inicial fueron claros y contundentes en su oposición a la práctica de usar maquillaje. Tertuliano, teólogo y apologista, escribió un libro alrededor del año 200 d.c. titulado "Sobre la Vestimenta de las Mujeres". En él, expresó una fuerte oposición a que las mujeres usaran cosméticos, considerándolos una forma de vanidad, engaño y corrupción moral.[96]

Cipriano, quien vivió unos 50 años después de Tertuliano, escribió un libro titulado "Sobre el Vestido de las Vírgenes". Su postura era que los cosméticos representaban una forma de vanidad que contradecía la modestia cristiana y la belleza espiritual.[97]

Sabiendo lo que dice la Biblia —y cuál fue la práctica evidente dentro del cristianismo inicial—, debería haber una abstinencia del uso de cosméticos. El intento de cambiar la propia apariencia mediante maquillaje, esmalte de uñas, tintes para el cabello y cosas por el estilo es una señal clara de que la persona no está satisfecha con la forma en que el Creador la hizo.

Nosotros somos el barro. Dios es el alfarero.

Jamás deberíamos ser tan presuntuosos como para quejarnos de cómo Dios diseñó nuestra apariencia.

---

[96] *The Ante-Nicene Fathers, Volume IV.* Alexander Roberts and James Donaldson, editors. W.B. Eerdmans Pub. Co, 1973.

[97] Cyprian, Saint, EWTN, *The Dress of Virgins,* https://www.ewtn.com/catholicism/library/dress-of-virgins-12507

Romanos 9:20
Mas antes, oh hombre, ¿quién eres tú, para que
alterques con Dios? ¿Dirá el vaso de barro al que lo
formó: Por qué me has hecho así?

o   *Arreglo Costoso*

Lamentablemente, este tema se está volviendo más
controvertido que nunca antes en mi vida. Al igual que el asunto
de las mujeres usando pantalones, muchas iglesias han
comenzado a hacer excepciones respecto al uso de diferentes
tipos de "vestidos costosos". Ambos temas son similares en
que la Escritura presenta una prohibición directa y clara.

1 Timothy 2:9-10
Asimismo que las mujeres se atavíen de ropa
decorosa, con pudor y modestia; no con peinado
ostentoso, ni oro, ni perlas, ni vestidos costosos, [10] sino
con buenas obras, como corresponde a mujeres que
profesan piedad.

El *Thayer's Greek Lexicon* dice que la palabra "costoso"
significa "requiere un gran gasto, muy costoso".[98] El Diccionario
Expositivo de Vine dice que significa "de altísimo costo".[99]
La Concordancia Exhaustiva de Strong lo explica como
"extremadamente caro".[100]

La palabra "vestido" (*array* en inglés) significa "ropa" o
"vestimenta".[101] Es un término genérico para cualquier cosa que
se lleva puesta en el cuerpo.

Por lo tanto, este versículo exige que los cristianos no se
adornen con ningún tipo de ropa o accesorio que sea

---

[98] Thayer, J., *A Greek-English Lexicon of the New Testament,* Baker Book
House, 1993.

[99] Vine, W.E., J.R. Kohlenberger, J.A. Swanson, *The Expanded Vine's*
Expository Dictionary of New Testament Words. Bethany House Publishers,
1984.

[100] Strong, James, *Strong's Exhaustive Concordance of the Bible,* Originally
published 1890.

[101] Thayer, J., *A Greek-English Lexicon of the New Testament,* Baker Book
House, 1993.

extremadamente caro. Dado que está precedido por las palabras "oro" y "perlas", la frase "vestido costoso" generalmente se entiende como una referencia al uso de joyas.

Aunque este será nuestro enfoque principal en esta sección, debe señalarse que el término NO se limita a las joyas. Por tanto, en mi opinión, los apostólicos deberían abstenerse de usar CUALQUIER cosa que sea considerada "extremadamente costosa" por la mayoría de las personas con quienes tienen contacto.

Como mencioné, usaré el entendimiento generalmente aceptado de "vestido costoso" para el resto de este capítulo. Después de todo, ¡es asombroso cuán claramente la Escritura prohíbe el uso de joyas!

Al igual que los cosméticos, la Biblia asocia las joyas con vestimenta sensual y con la prostitución. Las siguientes Escrituras lo demuestran claramente.

Ósea 2:13

> *Y la castigaré por los días en que incensaba a los baales, y se adornaba de sus zarcillos y de sus joyeles, y se iba tras sus amantes y se olvidaba de mí, dice Jehová.*

Ezequiel 23:40-43

> *Además, enviaron por hombres que viniesen de lejos, a los cuales había sido enviado mensajero, y he aquí vinieron; y por amor de ellos te lavaste, y pintaste tus ojos, y te ataviaste con adornos; [41] y te sentaste sobre suntuoso estrado, y fue preparada mesa delante de él, y sobre ella pusiste mi incienso y mi aceite. [42] Y se oyó en ella voz de compañía que se solazaba con ella; y con los varones de la gente común fueron traídos los sabeos del desierto, y pusieron pulseras en sus manos, y bellas coronas sobre sus cabezas [43] Y dije respecto de la envejecida en adulterios: ¿Todavía cometerán fornicaciones con ella, y ella con ellos?*

Jeremiah 4:30

> *Y tú, destruida, ¿qué harás? Aunque te vistas de grana, aunque te adornes con atavíos de oro, aunque pintes con antimonio tus ojos, en vano te engalanas; te menospreciarán tus amantes, buscarán tu vida.*

Apocalipsis 17:4-5
Y la mujer estaba vestida de púrpura y escarlata, y adornada de oro, de piedras preciosas y de perlas, y tenía en la mano un cáliz de oro lleno de abominaciones y de la inmundicia de su fornicación; ⁵ y en su frente un nombre escrito, un misterio: BABILONIA LA GRANDE, LA MADRE DE LAS RAMERAS Y DE LAS ABOMINACIONES DE LA TIERRA.

Además de asociar las joyas con la inmoralidad, la Biblia también las relaciona ¡con la idolatría! Esto se muestra claramente en la historia de Jacob volviendo a Bet-el.

Después de que Dios le notificó que construyera un altar, Jacob ordenó a su familia que se deshiciera de sus "dioses ajenos". Él sabía que no podían obtener el favor de Dios mientras practicaran la idolatría.

Génesis 35:2-5
Entonces Jacob dijo a su casa, y a todos los que con él estaban: Quitad los dioses ajenos que hay entre vosotros, y limpiaos, y mudad vuestros vestidos.

La familia de Jacob no pareció perder tiempo en obedecer su orden. Sin embargo, la manera en que lo hicieron merece ser observada.

Genesis 35:4
Así dieron a Jacob todos los dioses ajenos que había en poder de ellos, y los zarcillos que estaban en sus orejas; y Jacob los escondió debajo de una encina que estaba junto a Siquem.

Cuando se les dijo que se deshicieran de los "dioses ajenos," ellos respondieron quitándose los aretes o zarcillos. El Dr. Albert Barnes afirmó que la frase "dioses ajenos que había en poder de ellos" hacía referencia a "anillos que llevaban puestos".[102] ¡Ellos reconocieron sus joyas como una forma de idolatría!

---

[102] Barnes, A., J. G. Murphy, F. C. Cook, E. B. Pusey, H.C. Leupold, & R. Frew, *Barnes' Notes*. Blackie & Son, 1847.

El profeta Isaías también hizo esta conexión. Habló del "adorno", al cual identificó como "tus imágenes fundidas de oro". (Ver Isaías 30:22).

Las joyas no solo están asociadas con la prostitución espiritual y la idolatría (lo cual ya es suficientemente grave), sino que también están relacionadas con la terquedad (es decir, obstinadas o rebeldes).

Éxodos 33:3-6

(a la tierra que fluye leche y miel); pero yo no subiré en medio de ti, porque eres pueblo de dura cerviz, no sea que te consuma en el camino. ⁴ Y oyendo el pueblo esta mala noticia, vistieron luto, y ninguno se puso sus atavíos. ⁵ Porque Jehová había dicho a Moisés: Di a los hijos de Israel: Vosotros sois pueblo de dura cerviz; en un momento subiré en medio de ti, y te consumiré. Quítate, pues, ahora tus atavíos, para que yo sepa lo que te he de hacer. ⁶ Entonces los hijos de Israel se despojaron de sus atavíos desde el monte Horeb.

Hay algo digno de notar en este pasaje. Según el versículo 4, "nadie se puso sus atavíos". Sin embargo, en el versículo 5, el Señor les dijo: "quítate, pues ahora tus atavíos". Aunque esto puede sonar confuso (e incluso contradictorio) en nuestras Biblias en inglés (y también en muchas versiones en español), El *Pulpit Commentary* ofrece una explicación sobre lo que Dios realmente dijo. "La palabra traducida como 'quítate'… significa 'deja a un lado completamente.' La intención era hacer del abandono continuo de los adornos una prueba de su arrepentimiento".[103]

Una posible razón por la cual Dios se opone tan firmemente a las joyas puede residir en el hecho de que, bíblicamente, el oro representa la deidad. Por ejemplo, el Arca del Pacto debía ser hecha de madera, recubierta con oro. (Ver Éxodo 25:10-11).

Romanos 3:25 llama a Jesús nuestra "propiciación". La palabra griega usada allí aparece solo en otro pasaje. En Hebreos 9:5, la misma palabra se traduce como "propiciatorio".

---

[103] Spence-Jones, Henry Donald Maurice, and Joseph S. Exell, editors, *The Pulpit Commentary,* Funk & Wagnalls Company, 1890–1919.

Debe quedar claro, entonces, que el Arca del Pacto (cuya cubierta era el propiciatorio) era una representación del hombre Cristo Jesús. La madera representa su humanidad, y el oro ejemplifica su deidad.

Entender que el oro es un símbolo de la deidad nos ayuda a comprender por qué Moisés quemó el becerro de oro en el fuego, y lo molió hasta reducirlo a polvo, que esparció sobre las aguas, y *lo* dio a beber a los hijos de Israel. (Ver Éxodo 32:19-20). ¡Dios quería que el oro estuviera DENTRO de su pueblo!

Hace muchos años, escuché a un evangelista decir que el Señor le habló acerca de una mujer mientras ella pasaba junto a él. Ella estaba cubierta de oro. Las palabras de Dios para él fueron algo similar a esto: "Cuanto menos oro tiene una persona por dentro, más lo desea por fuera. Cuanto más oro tiene una persona por dentro, menos lo quiere por fuera".

Hay una prohibición innegablemente estricta en la Biblia contra el uso de oro como adorno exterior. ¡Dios no concedió ninguna excepción!

1 Timoteo 2:9-10

Asimismo que las mujeres se atavíen de ropa decorosa, con pudor y modestia; no con peinado ostentoso, ni oro, ni perlas, ni vestidos costosos, [10] sino con buenas obras, como corresponde a mujeres que profesan piedad.

En lo que respecta a usar joyas, algunas personas hacen una excepción en el caso de un anillo de bodas. Sin embargo, es importante notar que el oro está prohibido incluso en el contexto del matrimonio.

1 Pedro 3:1-5

Asimismo vosotras, mujeres, estad sujetas a vuestros maridos; para que también los que no creen a la palabra, sean ganados sin palabra por la conducta de sus esposas, [2] considerando vuestra conducta casta y respetuosa.[3] Vuestro atavío no sea el externo de peinados ostentosos, de adornos de oro o de vestidos lujosos, [4] sino el interno, el del corazón, en el incorruptible ornato de un espíritu afable y apacible, que es de grande estima delante de Dios.[5] Porque así también se ataviaban en otro tiempo aquellas santas mujeres que esperaban en Dios, estando sujetas a sus maridos.

En este pasaje, Pedro trata específicamente con las relaciones matrimoniales. Es en este contexto que se le ordena a la esposa que NO use oro. Él le dice que el único "adorno" que necesita es "un espíritu afable y apacible".

Considerando lo que dijo Pedro, señalaré que la Biblia SÍ permite algunos "adornos". Sin embargo, NO se trata de joyas. Aparte del "espíritu afable y apacible" que mencionó Pedro, hay dos más: las enseñanzas de quienes tienen autoridad sobre ti (Proverbios 1:7-9) y la sabiduría (Proverbios 4:7-9).

Los anillos de boda indudablemente se originaron en el antiguo Egipto. Considerando que la primera iglesia (nacida en Jerusalén el Día de Pentecostés), y todos los apóstoles, estaban compuestos enteramente por conversos judíos, ¡es inconcebible pensar que ellos hubieran permitido una costumbre vinculada a los enemigos originales del pueblo judío! Esa misma actitud habría sido transmitida a los conversos gentiles a medida que empezaban a integrarse en la iglesia.

La historia está repleta de fuentes que prueban que ninguna asamblea cristiana permitió el uso de anillos de boda hasta 300 o 400 años después de la fundación de la iglesia. ¿Cómo es, entonces, que los cristianos modernos de repente piensan que esto se ha vuelto aceptable? Ciertamente no lo están permitiendo con una base bíblica.

Sin duda, alguien preguntará acerca del anillo dado al hijo pródigo. Por esta razón, examinemos detenidamente el versículo en cuestión.

Lucas 15:22

Pero el padre dijo a sus siervos: Sacad el mejor vestido, y vestidle; y poned un anillo en su mano, y calzado en sus pies.

Note que el anillo no fue colocado en su dedo, sino en su "mano". Según las costumbres de Israel en el primer siglo, este NO habría sido un anillo ornamental usado como accesorio de moda. Más bien, era un sello legal de autoridad hecho de barro y llevado en una bolsa de cuero atada a la muñeca.

Por más que las personas lo intenten, simplemente no hay ningún ejemplo bíblico en el que el uso de joyería ornamental se mencione de manera positiva. Incluso cuando no se condena directamente, solo se menciona como algo que ocurrió. Esto no implica aprobación y no debe interpretarse como si así fuera. Ya sea que hablemos de la ropa que usamos, el uso de cosméticos o de usar vestimenta costosa, siempre debemos tener presente que nuestras vidas deben señalar a las personas hacia el Salvador. Nunca debemos ser culpables de atraer la atención hacia nuestra carne.

Si alguna vez tiene la oportunidad de visitar un museo y observar pinturas creadas por distintos artistas maestros, podrá notar algo que tienen en común: ninguna de las obras está enmarcada con marcos elaborados. El marco se mantiene sencillo para que la atención se mantenga en la obra del "maestro".

En lo que respecta al hijo de Dios, Cristo es la Imagen. Nosotros somos el marco. ¡Jamás deberíamos usar algo que haga que el mundo enfoque su atención en el que no corresponde!

EL CABELLO: LO LARGO Y LO CORTO

1 Corintios 11:13-16
*Juzgad vosotros mismos: ¿Es propio que la mujer
ore a Dios sin cubrirse la cabeza? [14] La naturaleza
misma ¿no os enseña que al varón le es deshonroso
dejarse crecer el cabello? [15] Por el contrario, a la
mujer dejarse crecer el cabello le es honroso; porque
en lugar de velo le es dado el cabello. [16] Con todo eso,
si alguno quiere ser contencioso, nosotros no tenemos
tal costumbre, ni las iglesias de Dios.*

La Biblia es un libro lleno de imágenes simbólicas. Para
comprender plenamente lo que dicen las Escrituras acerca del
cabello, primero es importante entender cuán significativos son
estos símbolos. Para facilitar este proceso, consideraremos
algunos ejemplos.

En el capítulo anterior, hablé sobre cómo el Arca del Pacto
simbolizaba a Jesucristo. También debo señalar que todo el
Tabernáculo en el desierto —y los rituales que se llevaban a
cabo allí— lo representaban igualmente. Él fue prefigurado tanto
por el sacrificio (Hebreos 9:28) COMO por el altar (Hebreos
13:10) COMO por el Sumo Sacerdote (Hebreos 3:1).

Sin embargo, no basta con saber que Dios usó símbolos.
También debemos reconocer cuán vitales eran esos símbolos a
los ojos de Dios. Por ejemplo, cuando los israelitas viajaban por
el desierto y se encontraron en necesidad de agua, ocurrió un
incidente que más tarde serviría como símbolo para representar a
Cristo.

La primera vez que sucedió esto, Dios le ordenó a Moisés
que golpeara una roca, prometiendo proveer agua para el pueblo
si obedecía. (Ver Éxodo 17:6). Tiempo después, nuevamente se

encontraron en necesidad de agua. Esta vez, Dios le dijo a Moisés que hablara a una roca, y Él volvería a suministrar el agua necesaria.

Sin embargo, en este incidente, Moisés reaccionó con ira y golpeó la roca en lugar de hablarle. Como resultado, Dios pronunció un castigo severo sobre él.

Números 20:12

Y Jehová dijo a Moisés y a Aarón: Por cuanto no creísteis en mí, para santificarme delante de los hijos de Israel, por tanto, no meteréis esta congregación en la tierra que les he dado.

Piense en lo que esto significaba. Después de cuarenta años soportando las quejas, dudas, temores y rebelión de una multitud de personas, Moisés no podría disfrutar los beneficios de la herencia hacia la cual los estaba guiando. ¿Por qué habría de prohibirle Dios entrar a la Tierra Prometida simplemente porque golpeó una roca?

Sería ridículo pensar que a Dios le preocupaba literalmente la roca. La roca no sentía ni sabía nada. El problema no era que la roca hubiera sido maltratada. El problema era que se había violado un SÍMBOLO.

Sabemos esto por los escritos del apóstol Pablo. Según él, la roca en el desierto que proporcionó agua viva representaba a Jesucristo.

1 Corintios 10:4

Todos bebieron la misma bebida espiritual; porque bebían de la roca espiritual que los seguía, y la roca era Cristo.

Durante Su ministerio, Jesús proclamó: "Si alguno tiene sed, venga a mí y beba" (Juan 7:37). Años después de Su muerte, sepultura y resurrección, Él se apareció en una visión al apóstol Juan y dijo: "Al que tuviere sed, yo le daré gratuitamente de la fuente del agua de la vida" (Apocalipsis 21:6). El agua que Cristo ofrece está disponible para nosotros porque Él fue herido en el Calvario.

Así, el golpe a la roca en Éxodo estaba destinado a simbolizar la provisión hecha por la muerte de Cristo. Sin embargo, Cristo fue herido una sola vez. Después de eso, podemos simplemente hablarle y Él suplirá nuestras necesidades.

Por eso, cuando Moisés golpeó la roca por segunda vez, rompió el simbolismo. Eso fue lo que provocó la ira de Dios. Cuando Él establece un símbolo, espera que toda la humanidad lo reverencie y respete. Este no es solo un principio del Antiguo Testamento. Vemos el mismo concepto sostenido en la práctica de lo que llamamos "la Cena del Señor" o la comunión.

1 Corintios 11:23-26

Porque yo recibí del Señor lo que también os he enseñado: Que el Señor Jesús, la noche que fue entregado, tomó pan; ²⁴ y habiendo dado gracias, lo partió, y dijo: Tomad, comed; esto es mi cuerpo que por vosotros es partido; haced esto en memoria de mí. ²⁵ Asimismo tomó también la copa, después de haber cenado, diciendo: Esta copa es el nuevo pacto en mi sangre; haced esto todas las veces que la bebiereis, en memoria de mí. ²⁶ Así, pues, todas las veces que comiereis este pan, y bebiereis esta copa, la muerte del Señor anunciáis hasta que él venga.

Cuando Jesús instituyó esta práctica con Sus discípulos, estableció un simbolismo duradero. El pan partido representa Su cuerpo. El líquido del "fruto de la vid" (Mateo 26:28) representa Su sangre. Pablo dijo que estos símbolos no cambiarían "hasta que Él venga".

En ese mismo capítulo, el apóstol exhortó a los destinatarios de su epístola a asegurarse de tratar esos símbolos con el debido respeto. Incluso llegó al punto de decir que no hacerlo trae "condenación".

1 Corintios 11:29-30

Porque el que come y bebe indignamente, sin discernir el cuerpo del Señor, juicio come y bebe para sí. ³⁰ Por lo cual hay muchos enfermos y debilitados entre vosotros, y muchos duermen.

No es porque el pan SEA el cuerpo de Cristo ni porque la bebida SEA la sangre de Cristo. Es porque son el símbolo de esas cosas. Tenemos la obligación de honrar esos símbolos y tratarlos con el mayor respeto.

Además de la importancia de los símbolos, hay otro factor que debe tomarse en cuenta para comprender plenamente el tema del cabello. Debemos entender el contexto de los versículos que abordan el asunto. Aunque Pablo escribió acerca del cabello en 1 Corintios 11, ese NO era el tema principal. Más bien, este capítulo trata sobre el tema de la autoridad.

> **1 Corintios 11:1-4**
> *Sed imitadores de mí, así como yo de Cristo.² Os alabo, hermanos, porque en todo os acordáis de mí, y retenéis las instrucciones tal como os las entregué. ³ Pero quiero que sepáis que Cristo es la cabeza de todo varón, y el varón es la cabeza de la mujer, y Dios la cabeza de Cristo. ⁴ Todo varón que ora o profetiza con la cabeza cubierta, afrenta su cabeza.*

Observe cómo comienza el capítulo. El versículo 1 instruye al pueblo a seguir el ejemplo de Pablo. El versículo 2 expresa su gratitud por la obediencia que le han mostrado. El versículo 3 presenta una "cadena de mando", la cual muestra que TODOS tienen una "cabeza" (es decir, una autoridad sobre ellos). Los versículos 4 y 5 mencionan prácticas que muestran afrenta hacia esa autoridad. Estos versículos preparan el terreno para todo lo que seguirá en el capítulo 11.

Es en este contexto que Pablo introduce el tema del cabello. Él presenta el argumento de que el largo del cabello de una persona es el símbolo establecido por Dios para representar su sumisión a la autoridad (o la falta de esta).

Dice que un hombre que no respeta el símbolo del largo del cabello está "afrentando" la autoridad que está sobre él. Una lectura cuidadosa de los versículos siguientes revela que "tener la cabeza cubierta" significa tener "el cabello largo".

> **1 Corintios 11:4**
> *Todo varón que ora o profetiza con la cabeza cubierta, afrenta su cabeza.*

> **1 Corintios 11:7**
> *Porque el varón no debe cubrirse la cabeza, pues él es imagen y gloria de Dios; pero la mujer es gloria del varón.*

> **1 Corintios 11:14**
> *La naturaleza misma ¿no os enseña que al varón le es deshonroso dejarse crecer el cabello?*

Usando el mismo simbolismo, Pablo también se dirige a las mujeres. En ese caso, él escribe que una mujer no debe tener su cabeza "descubierta," lo cual, explica, es el resultado de cortar voluntariamente su cabello.

1 Corintios 11:5-7

Pero toda mujer que ora o profetiza con la cabeza descubierta, afrenta su cabeza; porque lo mismo es que si se hubiese rapado. ⁶Porque si la mujer no se cubre, que se corte también el cabello; y si le es vergonzoso a la mujer cortarse el cabello o raparse, que se cubra. ⁷Porque el varón no debe cubrirse la cabeza, pues él es imagen y gloria de Dios; pero la mujer es gloria del varón.

1 Corintios 11:10

Por lo cual la mujer debe tener señal de autoridad sobre su cabeza, por causa de los ángeles

1 Corintios 11:13

Juzgad vosotros mismos: ¿Es propio que la mujer ore a Dios sin cubrirse la cabeza?

1 Corintios 11:15

Por el contrario, a la mujer dejarse crecer el cabello le es honroso; porque en lugar de velo le es dado el cabello.

Estudiaremos los detalles de la diferencia entre el hombre y la mujer con respecto al cabello. Sin embargo, primero debemos entender que la conexión entre el cabello y la sumisión a la autoridad se origina en el Antiguo Testamento.

En Números 5:11-31, encontramos lo que se conoce como "la Ley de los Celos". Parte de esta ley establecía que cuando la cabeza de una mujer era "descubierta", perdía su símbolo de moralidad.

Algunos eruditos creen que la sentencia para quienes eran halladas culpables de adulterio era que les raparan la cabeza. Esta interpretación se basa en la aplicación histórica y gramatical de la frase "la mujer será maldición en medio de su pueblo".

Otro ejemplo de cómo el cabello reflejaba sumisión a la autoridad se encuentra en la ley que regula los matrimonios entre hombres judíos y mujeres prisioneras de guerra (Deuteronomio 21:10-14). Lo primero que debía hacer el hombre al llevarla a casa era afeitarle la cabeza. (Esto se debía a que, en tiempos antiguos, era una señal de vergüenza para una mujer.) La mayoría de los eruditos concuerda en que, una vez que ella se convertía en israelita, se le permitía dejar crecer nuevamente su cabello.

Es evidente que Pablo no estaba simplemente "inventando una regla" ni tratando con una costumbre local. Estaba apelando a un simbolismo que Dios había establecido siglos antes de que existiera la iglesia.

Estos versículos en 1 Corintios 11 declaran claramente que el símbolo de que un hombre está sujeto a su autoridad es que su cabello no debe ser largo. El símbolo de la sumisión de la mujer a su autoridad es que su cabello DEBE ser largo.

Entonces surge la pregunta: "¿Qué tan largo es largo?" Para responder, debemos examinar las palabras griegas originales usadas en 1 Corintios 11:14-15.

1 Corintios 11:14-15

La naturaleza misma ¿no os enseña que al varón le es deshonroso dejarse crecer el cabello? [15] Por el contrario, a la mujer dejarse crecer el cabello le es honroso; porque en lugar de velo le es dado el cabello.

En estos versículos, la frase "cabello largo" es en realidad una sola palabra en griego. Esa palabra es *komao*, que significa "dejar crecer el cabello". [104]Obviamente, es imposible "dejarlo crecer" y cortarlo al mismo tiempo. Este es claramente el significado intencionado, basado en lo que Pablo ya había dicho en el versículo 6.

1 Corintios 11:6

Porque si la mujer no se cubre, que se corte también el cabello; y si le es vergonzoso a la mujer cortarse el cabello o raparse, que se cubra.

La palabra "cortar" proviene del término griego *keirō*, que significa "esquilar; cortar completamente". [105]Pablo continúa

---

[104] Thayer, J., *A Greek-English Lexicon of the New Testament,* Baker Book House, 1993.

[105] Strong, James, *Strong's Exhaustive Concordance of the Bible,* Originally published 1890.

diciendo que hay tanta "vergüenza" en cortarse el cabello como en rapárselo por completo.

La clave para entender qué tan "largo" es "largo" se encuentra en la frase inicial del versículo 14. Pablo apela a la naturaleza como el factor determinante. "La naturaleza," dice él, "nos enseña".

Dado que el estándar para la mujer es "dejar crecer el cabello", debe dejar que la naturaleza decida "qué tan largo es largo". No debe hacerle nada, ni química ni manualmente, que interfiera con el proceso natural de crecimiento. Una vez que una mujer utiliza tijeras, aplica productos químicos o calor que de alguna manera acorten su cabello, la naturaleza deja de estar en control.

Bajo esta pauta, una mujer cuyo cabello simplemente no crece más allá de sus hombros es tan obediente como aquella cuyo cabello llega hasta sus tobillos, siempre que ninguna de las dos haya interrumpido el proceso natural de crecimiento. De la misma manera, una nueva convertida puede tener el cabello extremadamente corto cuando nace de nuevo, pero en el momento en que su último corte queda cubierto por la sangre, la naturaleza vuelve a tomar el control. A partir de entonces, puede considerarse "largo" conforme al estándar bíblico.

El cabello largo debe ser el símbolo visible de que la mujer está bajo el "cubrimiento" de la autoridad en su vida. Como dijo Pablo: "le es dado el cabello en lugar de velo" (1 Corintios 11:15).

Curiosamente, el apóstol dijo que una razón por la cual la mujer debe seguir esta práctica es "a causa de los ángeles". ¿Qué quiso decir con eso?

Los ángeles tienen muchos propósitos, incluyendo ser "espíritus ministradores" al servicio del pueblo de Dios (ver Hebreos 1:14). También los vemos defendiendo la propiedad de Dios y preparados para juzgar a quien viole Su santidad (ver Génesis 3:24).

Por lo tanto, parecería que el símbolo visible de sumisión a la autoridad —el cabello sin cortar de la mujer— no es solo para beneficio de la humanidad. Ella debe tener esta "autoridad" sobre su cabeza "a causa de los ángeles" —ellos también necesitan ver quién está honrando la santidad de Dios. De este modo, pueden determinar correctamente si deben defender o juzgar a la persona en cuestión.

Sin embargo, debo admitir que no puedo afirmar esta explicación con absoluta certeza. Es una conjetura de mi parte. No obstante, como se explicó en los párrafos anteriores, está basada en mi comprensión de los principios bíblicos.

Habiendo establecido un estándar bíblico para el cabello de la mujer, ahora debemos considerar qué se requiere del hombre. Al igual que con la mujer, acudiremos al llamado de Pablo a la naturaleza para ayudarnos a definir qué tan "largo" debe ser el cabello de un hombre.

Se le prohíbe al hombre tener el cabello largo, por lo tanto, debe mantenerlo corto. Además, dado que el cabello del hombre NO debe crecer más allá de lo que enseña la naturaleza, tiene sentido seguir las pautas naturales. Así, los hombres tienen una "línea de cabello" natural (es decir, creada por la naturaleza), que va por encima de las orejas, se mantiene por encima del cuello y no cae sobre los ojos. Si un hombre mantiene su cabello recortado siguiendo su línea natural, nunca se le podrá acusar de tener cabello largo.

Este estándar de cabello largo en la mujer y corto en el hombre puede confirmarse de dos maneras. Primero, apelamos al principio de distinción de género. Esto se basa en Deuteronomio 22:5, que dice: "No vestirá la mujer traje de hombre, ni el hombre vestirá ropa de mujer; porque abominación es a Jehová tu Dios cualquiera que esto hace".

Es evidente por este versículo que la intención original de Dios ha sido mantener una clara distinción entre los sexos. Esto aplica no solo a la ropa, sino también a los modales y comportamientos (ver 1 Corintios 6:9). Por lo tanto, podemos usar este mismo principio para enseñar que debe haber una distinción clara y fácilmente reconocible en el largo del cabello entre hombres y mujeres.

Un versículo interesante del libro de Apocalipsis confirma este asunto. Ese versículo demuestra que Dios sí quiere que haya una diferencia entre el largo del cabello del hombre y el de la mujer.

Apocalipsis 9:7-8
El aspecto de las langostas era semejante a
caballos preparados para la guerra; en las cabezas
tenían como coronas de oro; sus caras eran como
caras humanas; [8] *tenían cabello como cabello de*
mujer; sus dientes eran como de leones;
Ten en cuenta que ellos tenían "caras como humanos". Sin embargo, el escritor continúa diciendo que tenían "cabello como de mujer". ¿Cómo puede explicarse este versículo si no es con la clara idea de que Dios espera, sin lugar a duda, que el cabello de la mujer sea visiblemente distinto al del hombre?

En segundo lugar, apelamos al principio de la distinción piadosa. Esto se basa en 2 Corintios 6:17, que dice: "Por lo cual, salid de en medio de ellos, y apartaos, dice el Señor, y no toquéis lo inmundo; y yo os recibiré".

Así como nuestra vestimenta debe manifestar una diferencia entre los santos y los pecadores, también lo debe hacer el largo de nuestro cabello. Estamos llamados a ser separados del mundo y no debemos basar el largo (ni el estilo) de nuestro cabello en las prácticas de los impíos.

Estoy muy consciente de que gran parte del mundo cristiano cree (y con frecuencia afirma) que "Jesús tenía el cabello largo". Pero esa afirmación se basa en pinturas —¡NO en las Escrituras! También es digno de mención que muchos de los artistas que representaron a Jesús con cabello largo eran hombres homosexuales que vivieron durante la Edad Media.

Aunque algunos afirman que era costumbre en tiempos de Jesús que los hombres llevaran el cabello largo, esto es simplemente inexacto. Dibujos de ese período muestran a los hombres que vivían en Israel durante la época de Cristo con el cabello corto, recortado.

Un artículo en el sitio web de CNN ofrece algo de perspectiva sobre este tema. En él, el autor escribió: "[Richard] Neave y un equipo de investigadores comenzaron con un cráneo israelita que data del siglo I. Luego usaron programas de computadora, arcilla, piel simulada y su conocimiento sobre el pueblo judío de la época para determinar la forma del rostro, el color de ojos y de piel. Recurrieron a la Biblia para determinar el largo del cabello. En el Nuevo Testamento, el artículo especula, '¿acaso Pablo (uno de los apóstoles) habría escrito: "Si un hombre tiene el cabello largo, le es una deshonra", si Jesucristo hubiera tenido el cabello largo?".[106]

1 Corintios 9:1

¿No soy apóstol? ¿No soy libre? ¿No he visto a Jesús el Señor nuestro? ¿No sois vosotros mi obra en el Señor??

Como señala el artículo, ¿acaso Pablo condenaría algo que practicaba su Señor? ¡Obviamente, Jesús NO tenía el cabello largo! Otro argumento que comúnmente se escucha al tratar de refutar la enseñanza sobre lo largo del cabello se basa en la declaración de Pablo: **"Nosotros no tenemos tal costumbre"**

1 Corintios 11:16

Con todo eso, si alguno quiere ser contencioso, nosotros no tenemos tal costumbre, ni las iglesias de Dios.

No quiero parecer grosero hacia quienes defienden esta idea, pero no conozco otra forma de decirlo más que: **"¡Este argumento no tiene sentido!"** No es razonable creer que Pablo dedicaría tiempo a enseñar que las mujeres deben mantener su cabello largo y los hombres deben tenerlo corto, solo para luego decir: "Si no estás de acuerdo, no te preocupes. Nadie más lo practica tampoco".

El comentarista Adam Clarke arrojó luz sobre lo que este versículo realmente dice. Él escribió: "Si alguna persona se erige como defensor de tales puntos —que una mujer puede orar o enseñar con la cabeza descubierta, y que un hombre puede, sin reproche, tener el cabello largo— que sepa que nosotros no tenemos tal costumbre, ni la tienen las Iglesias de Dios, ya sea entre los judíos o entre los gentiles".[107]

En otras palabras, Pablo estaba diciendo que no tenemos la costumbre de que las mujeres se corten el cabello ni que los hombres lo dejen crecer largo —¡no al revés!

---

[106] Legon, Jeordan, CNN, *From Science and Computers, a New Face of Jesus,* https://www.cnn.com/2002/TECH/science/12/25/face.jesus.index.html

[107] Clarke, Adam. *Adam Clarke's Commentary on the Bible.* Originally published 1810–1826.

Como prueba adicional, considere cómo lo traduce la *New Century Version:* "Algunas personas quizá quieran seguir discutiendo sobre este asunto, pero yo solo agregaría que ni nosotros ni las iglesias de Dios tenemos ninguna otra práctica".[108]

No podemos concluir este capítulo sin abordar el tema del vello facial. He escuchado a muchas personas (incluyendo a algunos predicadores muy conservadores) decir que no existe base bíblica para predicar contra ello, excepto el pasaje que dice: "Obedeced a vuestros pastores" (Hebreos 13:17). Permíteme desacordar.

Hay varios principios bíblicos que muestran por qué el uso de vello facial no es aceptable. A continuación, te presento seis ejemplos.

* **Es un símbolo de impureza**

La ley judía requería que un hombre con lepra se hiciera fácilmente reconocible para cualquiera que se acercara a él. Esto no solo se lograba mediante una declaración verbal de su impureza, sino también a través de una apariencia física específica.

Levíticos 13:45
Y el leproso en quien hubiere llaga llevará vestidos rasgados y su cabeza descubierta, y embozado pregonará: ¡Inmundo! ¡Inmundo!

Se le instruyó que se "embozaran". Como ya he señalado, el apóstol Pablo aplicó el término "cubrimiento" al cabello (ver 1 Corintios 11:4-15). En textos hebreos encontramos verbos que expresan esa acción de cubrir, tapar o velar, que serían el equivalente a "embozar" Dado que esta es la explicación proporcionada por un experto bien instruido en las Escrituras hebreas, es razonable inferir que la ley requería que el leproso llevara un bigote.

Y no es solo una opinión. *Jamieson-Fausset-Brown Commentary* hace una conexión directa entre el "cubrirse el labio superior" mencionado en este versículo y el bigote .

---

[108] *The Holy Bible: New Century Version,* Thomas Nelson Publishers, 1991.

Además, añade que "los hebreos solían afeitarse el labio superior".[109]

Dios fue quien estableció que cubrir el labio (con vello facial) fuera un símbolo de impureza. Por lo tanto, ese principio no cambia —ni ha de cambiar.

* **"Pudor" aplica al hombre**

    1 Timothy 2:8-9
    Quiero, pues, que los hombres oren en todo lugar, levantando manos santas, sin ira ni contienda. [9] Asimismo que las mujeres se atavíen de ropa decorosa, con pudor y modestia; no con peinado ostentoso, ni oro, ni perlas, ni vestidos costosos.

    En el capítulo anterior, expliqué que la palabra "pudor" (*shamefaced*, en inglés) implica no llevar nada en el rostro con fines de orgullo o coqueteo. Aunque este término se usa directamente en referencia a las mujeres en el versículo 9, observe que dicho versículo comienza con la frase: "Asimismo que". El versículo 8 estaba dirigido a los hombres, pero esta frase conecta ambos versículos. Pablo les estaba diciendo a las mujeres: "De la misma manera que los hombres deben ser santos, ustedes también". Por lo tanto, cualquier regla que él estableciera para las mujeres, por necesidad, también aplicaría a los hombres.

    Si las mujeres no pueden tener nada en sus rostros que denote orgullo o coqueteo, los hombres deben seguir la misma regla. Pregúntese: ¿alguna vez has visto a un hombre con vello facial que no esté constantemente "arreglándolo", "acariciándolo" o, de alguna forma, llamando la atención hacia el mismo? Yo sostengo que, al igual que el maquillaje en las mujeres, el vello facial en los hombres casi siempre es una cuestión de mostrar "machismo" (es decir, orgullo) o un intento de atraer a una pareja (es decir, coqueteo).

---

[109] Jamieson, Robert, Andrew Robert Fausset, and David Brown, *Commentary on the Whole Bible*. Originally published 1871.

Incluso cuando las personas afirman que el vello facial es parte de su cultura, deben reconocer que nacer de nuevo requiere adoptar la cultura del Reino de Dios. Cuando dicen que es parte de su identidad étnica, en realidad están diciendo que están mostrando orgullo étnico.

- ***Las barbas parecen ser una cuestión de "todo o nada" en la Biblia***

No hay duda de que muchos personajes bíblicos usaban barba. Sin embargo, el uso de la barba venía acompañado de regulaciones específicas.

Levíticos 19:27
No haréis tonsura en vuestras cabezas, ni dañaréis la punta de vuestra barba.

Levíticos 21:5
No harán tonsura en su cabeza, ni raerán la punta de su barba, ni en su carne harán rasguños.

Estos versículos claramente no prohíben el uso de barbas. Sin embargo, SÍ ordenan que las barbas no se recorten. Si un israelita iba a llevar barba, tenía que dejarla crecer sin "dañar" ni "rasurar" las "esquinas de su barba".

La versión *New Century* dice: "No deben cortar los bordes de su barba".[110] La traducción *God's Word* dice: "Nunca corten los bordes de su barba". [111]Por lo tanto, si iban a usar barba, debían dejar que creciera sin recortarla en absoluto.

Parece altamente improbable —si no imposible— tener orgullo en una barba descuidada. El hecho de mantenerla recortada se convierte en una cuestión de orgullo, y por lo tanto, en una violación del principio de modestia y pudor.

---

[110] *The Holy Bible: New Century Version,* Thomas Nelson Publishers, 1991.

[111] *God's Word Translation,* Baker Books, 2010.

- *Se nos instruye a que mantengamos las tradiciones de Dios*

  2 Tesalonicenses 2:15
  Así que, hermanos, estad firmes, y retened la doctrina que habéis aprendido, sea por palabra, o por carta nuestra.

  Mantener una apariencia bien afeitada ha sido una tradición entre la gran mayoría de los hombres apostólicos con los que he tenido comunión. Y ha sido de esta manera durante todo el tiempo que he estado en la iglesia. (Nací de nuevo en 1972.)

  Hace algunos años se realizó una encuesta entre los miembros de una organización apostólica, la cual mostró que casi el 75% prefería tratar con personas que no usaban vello facial. Casi el 80% afirmó creer que usar vello facial tendría un impacto negativo en la capacidad de un hombre para alcanzar a los perdidos.[112]

  El mismo libro que reportó esta encuesta también señaló cuántos líderes carismáticos llevan vello facial. El autor sugirió que, quizás, "el cabello que crece libremente se asocia con pensamiento y vida libres".[113]

- *No se nos debe asociar con el grupo erróneo*

  2 Corintios 6:17
  Por lo cual, Salid de en medio de ellos, y apartaos, dice el Señor, Y no toquéis lo inmundo; Y yo os recibiré,

  El volumen citado anteriormente continúa diciendo: "La sociedad estadounidense convencional todavía asocia el vello facial con el estilo de vida de los años 60, el cabello largo en los hombres, la rebeldía, la no conformidad y el orgullo

---

[112] Gore, Chancy, *Facial Hair - A Christian Perspective,* Advance Ministries, 1998.
[113] *Ibid*

manifiesto. El rostro bien afeitado le sirve bien al cristiano para evitar estos males de la sociedad".[114]

Es un hecho que muchos propietarios de negocios y gerentes consideran el vello facial como poco profesional y carente de la imagen limpia que desean proyectar. Es cierto que no todos piensan así, pero muchos sí.

Recientemente hace unos pocos años, estudios mostraron que "las personas tienen una impresión más positiva del carácter de alguien si no tiene vello facial".[115] Según ese estudio, solo el 3% de la población considera que un hombre con barba es el más digno de confianza.[116]

Según Allan Peterkin, psicólogo y profesor en Toronto, el vello facial siempre ha tenido connotaciones negativas. En su libro, el Sr. Peterkin cita ejemplos de "hombres buenos" que no estaban afeitados: Santa Claus (obviamente ficticio), Jesús y los discípulos (lo cual no puede probar convincentemente). Sin embargo, bajo el encabezado "Los... malos", hay una larga lista, incluyendo a: Atila el Huno, Barbanegra, Enrique VIII, Barba Azul, Ho Chi Minh, Jesse James. También, Gengis Kan, Iván el Terrible, José Stalin, Adolfo Hitler, Saddam Hussein y Osama Bin Laden.[117]

Sin embargo, la estadística más preocupante sobre el vello facial proviene del estudio mencionado anteriormente, el cual reporta que los hombres homosexuales se sienten más atraídos por otros hombres cuya barba se parece a la suya.[118] ¡Eso por sí solo debería bastar para que cualquier hombre piadoso decida permanecer bien afeitado!

Es evidente que es mucho mejor que se nos identifique con un grupo piadoso que ha mantenido un estándar sin vello facial, que

[114] *Ibid*

[115] Cvetkovska, Ljubica, Modern Gentleman, *26 Beard Statistics and Facts You Probably Didn't Know,* https://moderngentlemen.net/beard-statistics

[116] Cvetkovska, Ljubica, Modern Gentleman, *26 Beard Statistics and Facts You Probably Didn't Know,* https://moderngentlemen.net/beard-statistics

[117] Peterkin, Alan, *One Thousand Beards: A Cultural History of Facial Hair,* Arsenal Pulp Press, 2001.

[118] Cvetkovska, Ljubica, Modern Gentleman, *26 Beard Statistics and Facts You Probably Didn't Know,* https://moderngentlemen.net/beard-statistics

permitir que alguien piense que podríamos estar asociados con cualquier otro grupo. Yo me niego incluso a correr el riesgo de ser identificado con este mundo impío.

- ### *Algunas cosas se hacen por causa del evangelio*

  ### *Hechos 15:24*
  Por cuanto hemos oído que algunos que han salido de nosotros, a los cuales no dimos orden, os han inquietado con palabras, perturbando vuestras almas, mandando circuncidaros y guardar la ley,

  En Hechos 15, se resolvió de una vez por todas la cuestión de si la circuncisión era esencial para la salvación. Se enviaron cartas de parte de los apóstoles a todas las iglesias, declarando que "no habíamos dado tal mandamiento". La práctica no era requerida y no afectaba la condición espiritual de una persona. Sin embargo, a pesar de esa decisión, algo digno de atención ocurrió poco tiempo después: Pablo circuncidó a Timoteo.

  ### *Hechos 16:1-3*
  Después llegó a Derbe y a Listra; y he aquí, había allí cierto discípulo llamado Timoteo, hijo de una mujer judía creyente, pero de padre griego; [2] y daban buen testimonio de él los hermanos que estaban en Listra y en Iconio.[3] Quiso Pablo que este fuese con él; y tomándole, le circuncidó por causa de los judíos que había en aquellos lugares; porque todos sabían que su padre era griego.

  ¿Por qué, entonces, Pablo insistiría en que Timoteo hiciera algo que acababa de declararse no esencial? Según el relato de Lucas, fue "por causa de los judíos que había en aquellos lugares". Aunque no era MANDATORIO, Pablo sabía que Timoteo sería mucho mejor recibido por aquellos a quienes intentaba alcanzar con el evangelio. No era necesario, pero sí era conveniente, para que Timoteo pudiera ser bien recibido entre los que deseaba influenciar.

  Como mencioné anteriormente, todavía existe una falta de confianza significativa en la mayoría de la sociedad hacia los que usan vello facial. Aun si la Biblia no declara específicamente que

algo sea pecado, nuestro deseo de alcanzar a los que nos rodean
debería motivarnos a abstenernos de cualquier cosa que pudiera
obstaculizar nuestra capacidad de ganar su confianza.

Además de alcanzar a las almas perdidas, hay otra
consideración importante cuando se trata de lo que es mejor para
el avance del evangelio. Pablo nos enseñó a honrar a nuestros
hermanos y hermanas en el Señor evitando hacer algo que pueda
ofenderles.

1 Corintios 8:9-13

*Pero mirad que esta libertad vuestra no venga
a ser tropezadero para los débiles. [10] Porque si
alguno te ve a ti, que tienes conocimiento,
sentado a la mesa en un lugar de ídolos, la
conciencia de aquel que es débil, ¿no será
estimulada a comer de lo sacrificado a los
ídolos? [11] Y por el conocimiento tuyo, se perderá
el hermano débil por quien Cristo murió. [12] De
esta manera, pues, pecando contra los hermanos
e hiriendo su débil conciencia, contra Cristo
pecáis. [13] Por lo cual, si la comida le es a mi
hermano ocasión de caer, no comeré carne
jamás, para no poner tropiezo a mi hermano.*

Que Dios nos ayude a cada uno de nosotros a estar
dispuestos a hacer lo que sea necesario para alcanzar a nuestro
mundo y evitar destruir a nuestros hermanos en la fe. La
recompensa valdrá cualquier sacrificio.

SALMOS, HIMNOS, Y CÁNTICOS ESPIRITUALES

Efesios 5:19
Hablando entre vosotros con salmos, con himnos y cánticos espirituales, cantando y alabando al Señor en vuestros corazones;
Colosenses 3:16
La palabra de Cristo more en abundancia en vosotros, enseñándoos y exhortándoos unos a otros en toda sabiduría, cantando con gracia en vuestros corazones al Señor con salmos e himnos y cánticos espirituales.

Hay una gran diferencia entre la música de la iglesia y la música en la iglesia. No toda la música que se escucha hoy en las iglesias puede considerarse debidamente como "música de iglesia" aceptable.

En dos ocasiones distintas, escribiendo a dos iglesias diferentes, el apóstol Pablo especificó los tipos de música que son aceptables. Tanto en Efesios 5:19 como en Colosenses 3:16, él enumeró exactamente tres categorías de estilo musical. Bajo la inspiración del Espíritu Santo, dijo que se debía usar "salmos, himnos y cánticos espirituales". Ninguna otra forma de música es identificada por él – ni por ningún otro autor del Nuevo Testamento – como permisible.

La palabra "salmos", por supuesto, se refiere a los cantos del Antiguo Testamento que llevan ese nombre, o a otros cantos que encajen dentro de esa categoría. Son cantos de inspiración y esperanza, escritos para ser utilizados con acompañamiento instrumental. Deben estar llenos de alabanza y tener como único propósito exhortar a Dios o darle gloria – o ambas cosas. Deben inspirar adoración en el corazón tanto del que canta como del que escucha.

La *Strong's Exhaustive Concordance* define la palabra "himno" en estos versículos como "una oda religiosa".[119] La palabra "oda" se define como una composición lírica en estrofas escrita en una "forma elaborada... y expresiva de una emoción exaltada..."[120]. Los himnos son cantos de alabanza o cantos sagrados. Esto incluye los himnos tradicionales de la iglesia que poseen un estilo musical majestuoso y hermoso. Son armoniosos y fluidos. Hablan de verdades fundamentales y frecuentemente invitan al pecador a ser salvo.

El tercer tipo de música que debe usarse son los "cánticos espirituales". Observe el adjetivo "espirituales". Pablo lo incluyó por una razón. La palabra "cánticos" proviene de un término griego genérico y podría referirse a canciones que pueden ser cualquier cosa PERO NO espirituales. Es una palabra general para una referirse a una canción, ya sea de alabanza o de cualquier otro tema. Por eso, agregar el término descriptivo "espiritual" es necesario.

La palabra "espiritual" se traduce de un término griego que significa "lo que se opone a lo carnal". Apela al corazón y al alma, en contraste con la carne. Por lo tanto, los cantos que entonamos – o escuchamos – nunca deben apelar principalmente a la carne.

Puesto que los estilos musicales aprobados bíblicamente deben ser salmos, himnos o cánticos espirituales, necesitamos saber cómo reconocer estos tipos de música. Hacerlo nos ayudará a diferenciar entre "música en la iglesia" y la verdadera "música de la iglesia".

Es imposible hacer esta distinción sin conocer algunos datos básicos sobre la música en general. Lo más importante que debe saber es que toda música se compone de tres partes: melodía, armonía y ritmo.

---

[119] Strong, James, *Strong's Exhaustive Concordance of the Bible,* Originalmente publicado en 1890.

[120] Dictionary.com, www.dictionary.com

Antes de profundizar en esas tres partes, hay algo más que debemos considerar. Cuando Dios creó a la humanidad, nos creó con tres partes.

1 Tesalonicenses 5:23

Y el mismo Dios de paz os santifique por completo; y todo vuestro ser, espíritu, alma y cuerpo, sea guardado irreprensible para la venida de nuestro Señor Jesucristo.

El hombre está compuesto de espíritu, alma y cuerpo. Cada una de estas partes cumple un papel único en nuestras vidas. El término "cuerpo" se explica por sí solo. Es nuestro "tabernáculo" carnal que alberga nuestro espíritu y nuestra alma. Hay mucho debate entre los expertos en cómo explicar los otros dos términos. Según el Léxico Griego de Thayer, el espíritu es "la parte racional del hombre, el poder de percibir y captar las cosas divinas y eternas".[121] El alma se define como "el soplo de vida; la fuerza vital que anima el cuerpo".[122]

No me detendré a dar mis opiniones sobre este asunto. El único punto que deseo resaltar es que una parte es más superficial que la otra.

Parece evidente que estas tres partes podrían considerarse "niveles" dentro del ser humano. Nuestros deseos carnales, nuestra inteligencia y emociones humanas, y nuestro anhelo interior de conexión divina, todos influyen en nosotros en distintos grados.

Así como el ser humano tiene tres componentes distintos, la música también tiene tres componentes. Curiosamente, cada parte del ser humano es directamente afectada por una parte específica de la música.

Melodía es la parte fundamental de la música. Está diseñada para asumir el mando. En una estructura musical correcta, siempre será el aspecto más prominente de cualquier canción. Para quienes no tienen conocimientos musicales, la melodía es lo que canta un solista. Es lo que llamamos "la tonada" de la canción.

---

[121] Thayer, J., *A Greek-English Lexicon of the New Testament,* Baker Book House, 1993.

[122] *Ibid*

Armonía es el arreglo de acordes que se añade para apoyar la melodía. Y debe hacer precisamente eso: *apoyar*. Si alguna vez escucha a alguien cantar líneas que deberían armonizar sin que tener a alguien que cante la melodía, sonará desagradable y extraño.

Para explicar y ayudar a quienes no tienen conocimientos musicales, imagine a alguien tocando una canción en el piano usando solo un dedo. Esa es la melodía. Cuando el pianista usa ambas manos, está añadiendo notas armónicas. Esto crea un sonido más completo y rico comparado con las notas de "un "solo dedo".

Ritmo, por supuesto, es el compás o "pulso". Nunca debe liderar, sino ser el acompañamiento de la melodía y la armonía. Su propósito es mantener las otras partes en sincronía.

Dado que la melodía es el aspecto más fundamental de la música, apela a la parte más superficial del hombre. Agregar armonía permite que la música llegue más profundamente al individuo, creando una plenitud que la melodía por sí sola no puede lograr.

El ritmo tiene un atractivo directo hacia la carne. ¿Cuántas veces te has sorprendido a ti mismo golpeando el pie o moviéndote con una canción, sin darte cuenta de que habías empezado a hacerlo? ¡Hay una razón para eso!

Nuestro cuerpo depende del ritmo. Si estamos sanos, nuestros corazones laten en intervalos regulares. Nuestros pulmones se expanden y contraen con una respiración rítmica. Casi todo en nosotros depende del tiempo de alguna manera.

El problema es que el ritmo apela a la carne con más intensidad de lo que nos damos cuenta. Puede volverse una fuerza dominante, a veces provocando reacciones lamentables. No todo lo que apela a la carne es necesariamente malo, por supuesto. (Un ejemplo es la comida.) Sin embargo, TODO lo que apela a los apetitos carnales DEBE ser controlado. Siempre que se le da al elemento carnal un papel protagónico, SIEMPRE conduce a la destrucción espiritual.

Lo mismo sucede con la música. Siempre y cuando se mantenga en su lugar correcto, el ritmo es una excelente herramienta que defiende una canción. Pero si el ritmo se convierte en el punto focal, produce una respuesta carnal. En esos casos, sin importar la letra, la música no conduce a la espiritualidad. Inevitablemente, hace todo lo contrario. Nunca subestime el poder de la música. Los dueños de restaurantes han aprendido a usar música ambiental para controlar la velocidad con que los clientes eligen sus platillos y comen. Saben que la música rápida hace que los clientes se apresuren, coman rápidamente y dejen espacio para otros. También saben que la música lenta puede usarse cuando no hay multitudes, asegurando que los clientes se tomen su tiempo y probablemente compren más.

La razón de esto es fisiológica. Mientras escuchamos una pieza musical, aunque no estemos consciente de ello, todo nuestro cuerpo está reaccionando constantemente a los sonidos que escuchamos. Variaciones en tono, ritmo, tempo y volumen afectan tu frecuencia cardíaca, presión sanguínea, respiración y el funcionamiento de ciertas glándulas, creando un estado de ánimo o provocando una acción física. Todo esto ocurre como una respuesta automática y subconsciente sobre la cual no tenemos control.

La música tiene un efecto poderoso en nosotros. Al igual que el cuerpo humano, está compuesta por muchas situaciones de "tensión/resolución".

Cuando tenemos hambre, comemos y se nos quita el hambre. Si tenemos sed, podemos calmarla con una bebida fresca. ¿Sentimos calor? Buscamos sombra. Si estamos cansados, descansamos. Estas tensiones requieren resolución.

Además, la tensión puede experimentarse por empatía. Si escuchamos a un orador con "rana en la garganta", comenzaremos a aclararnos la nuestra. Si escuchamos a un cantante alargar y alargar la nota final, probablemente empecemos también a sentir que no tenemos más aire.

Además, diferentes sonidos musicales afectan diferentes partes del cuerpo. Un tono alto hará que la laringe se tense. Un ritmo rápido hará que el pie comience a moverse. Esto es el factor tensión-resolución.

La música está basada en este principio. Está compuesta por acordes que producen tensión. Normalmente, estos acordes van seguidos de otros que resuelven dicha tensión. Cuantas menos tensiones tenga la música, más efecto calmante tendrá en el oyente. (Este es uno de los principios fundamentales del uso de la música con fines terapéuticos.) Sin embargo, algunas músicas están llenas de tensión sin resolución. Esto genera frustración física y emocional en quien la escucha. Cuando esa tensión no se resuelve musicalmente, suele resolverse a través de comportamientos negativos.

Si conoce a alguien que toca el teclado, pídale que toque un "acorde suspendido". Que lo toque repetidamente durante varios segundos. Eso hará que todos los que estén cerca se sientan incómodos hasta que ese acorde "sus" (asi se le llama) se resuelva.

Sin ser demasiado técnico, permíteme explicar. Un acorde suspendido reemplaza la tercera (la nota que define si un acorde es mayor o menor) por una segunda o una cuarta, creando un sonido flotante e irresuelto. Es como presionar pausa en la armonía: la tensión queda en el aire, esperando resolverse en un acorde estándar. Es como un suspenso musical.

Tome un acorde C mayor: C (fundamental), E (tercera), G (quinta). La E lo hace mayor. Si reemplazas esa E con un D (la segunda nota en la escala de C), obtienes C-D-G, llamado Csus2. Si la reemplaza con una F (la cuarta), obtiene C-F-G, llamado Csus4. Ninguno tiene tercera, así que no es ni mayor ni menor, simplemente está suspendido, esperando resolución. El término "sus" viene de una práctica musical medieval, en la que una nota se "suspendía" del acorde anterior y luego se resolvía. Hoy en día, ha llegado a representar un sonido estático.

Se podría decir que un acorde suspendido es como el espíritu humano: siempre alcanzando. El acorde resuelto se asemejaría más al alma: asentada.

Este proceso de crear tensión y resolverla explica por qué cierta música puede hacerte sentir paz y relajación, mientras que la música con poca o ninguna resolución provoca frustración, nerviosismo o incluso depresión.

Debido a que es una herramienta tan influyente, la música cumple un propósito importante. Puede producir resultados poderosos cuando se usa correctamente, y consecuencias devastadoras cuando se usa de forma indebida.

La Biblia relata un momento en el que el profeta Eliseo estaba claramente frustrado con parte de su audiencia, pero reconoció su necesidad de oír la voz de Dios. En ese momento, hizo una petición que sabía que lo ayudaría a "entrar en el Espíritu".

2 Reyes 3:14-15

Y Eliseo dijo: Vive Jehová de los ejércitos, en cuya presencia estoy, que si no tuviese respeto al rostro de Josafat rey de Judá, no te mirara a ti, ni te viera. [15] Mas ahora traedme un tañedor. Y mientras el tañedor tocaba, la mano de Jehová vino sobre Eliseo.

En este caso, la música ayudó al hombre de Dios a llegar a un lugar donde pudo entregarse mejor al Espíritu. Como resultado, fue usado por Dios.

Antes de convertirse en rey, David fue llamado para enfrentarse a un espíritu maligno que atormentaba a Saúl. Lo hizo tocando música, lo cual evidentemente ahuyentó al demonio.

1 Samuel 16:23

Y cuando el espíritu malo de parte de Dios venía sobre Saúl, David tomaba el arpa y tocaba con su mano; y Saúl tenía alivio y estaba mejor, y el espíritu malo se apartaba de él.

Al ver el efecto que la buena música puede tener al ahuyentar a los espíritus malignos, es lógico pensar que la música INCORRECTA puede INVITARLOS. Después de más de 40 años estudiando los efectos de la música,[123] he llegado a la conclusión de que no solo PUEDE atraer influencias demoníacas, sino que en muchos casos, absolutamente ¡lo HACE!

No es coincidencia que la música estuviera involucrada durante la adoración de Israel al becerro de oro. Mientras que Moisés la reconoció como el "estruendo de los que cantan" (Éxodo 32:18), para Josué sonaba como el estruendo de guerra (Éxodo 32:17). Aunque no puede probarse con certeza

---

[123] *Mi primer libro se tituló La locura y el método de la música moderna y originalmente se publicó en 1988.*

que la música fue la causa, es innegable que ALGO impulsó al pueblo a desnudarse y danzar alrededor del ídolo.

Cuando Nabucodonosor quiso que la gente se postrara ante la imagen que había construido, la música volvió a estar presente. (Ver Daniel 3:5.) Esa música debió hipnotizar a la gente para llevarlos a adorar el ídolo, ya que el rey planeaba hacerla sonar nuevamente para los tres hebreos que se negaron a inclinarse. (Ver Daniel 3:15.)

A pesar de esto, muchos todavía intentan justificar su uso de formas musicales impías. A menudo afirman que solo quieren alcanzar a los jóvenes o atraer a una audiencia más amplia. No voy a cuestionar la validez de sus motivos. Solo diré que tener el motivo correcto mientras se usa el método equivocado no elimina el impacto negativo de la acción. Tampoco protege a los involucrados de las consecuencias negativas.

Algunos años después de asumir el trono, el rey David decidió traer el Arca del Pacto a Jerusalén. Para lograrlo, "llevaban el arca de Dios en un carro nuevo" (1 Crónicas 13:7).

Esto iba en contra directa del mandato de Dios. El Señor había ordenado que el arca debía ser llevada sobre los hombros de los levitas, específicamente los hijos de Coat. (Ver Éxodo 25:10-15; Números 3:30-31; 4:4,15.)

La procesión de David fue una gran muestra de alegría y reverencia, pero terminó en tragedia. Cuando los bueyes que tiraban del carro tropezaron, el arca comenzó a tambalearse. Uza, uno de los que ayudaban en la procesión, intentó "ayudar a Dios" y extendió su mano hacia el arca de Dios y la sostuvo (2 Samuel 6:6).

Nuevamente, esto iba en contra del mandato de Dios. En Números 4:15 leemos: "no tocarán cosa santa, para que no mueran". En consecuencia, "el furor de Jehová se encendió contra Uza, y lo hirió" (1 Crónicas 13:10).

Uza no murió porque el Señor estuviera en contra del regreso del arca. Si David hubiera obedecido el mandato de Dios de permitir que los sacerdotes la transportaran, el mal estado del camino no habría afectado la procesión.

Dios ni siquiera estaba en contra de las intenciones. Lo que rechazó fue el método. Aun cuando David hacía lo correcto y con la motivación correcta, lo hacía de la manera incorrecta, y como resultado, Dios se disgustó profundamente.

Historias que confirman este principio se repite muchas veces en las Escrituras. Por ejemplo, considere a Caín y Abel con sus respectivas ofrendas.

Abel, "pastor de ovejas" (Génesis 4:2), trajo al Señor "de los primogénitos de sus ovejas, y de lo más gordo de ellas. Y miró Jehová con agrado a Abel y a su ofrenda" (Génesis 4:4). Pero Caín, como "labrador de la tierra... trajo del fruto de la tierra" (Génesis 4:2-3). La ofrenda de Caín fue rechazada como pecado (ver Génesis 4:7). Este rechazo no fue por su motivo, sino por su método.

¡Usar métodos carnales y mundanos nunca podrá producir resultados espirituales y piadosos! ¡No podemos santificar el pecado! Y debemos reconocer que esto es tan cierto en el tema de la música como en cualquier otro tema.

Ya no deberíamos escondernos bajo la excusa de "motivos puros". Aunque una persona puede ser sincera, es posible que este sinceramente equivocada. El motivo detrás de nuestra música puede ser completamente puro, pero si el método es incorrecto, debemos saber que Dios no lo aprueba. No olvide cómo el Señor reprendió a Israel por ofrecer "pan inmundo" en Su altar

Malaquías 1:7
En que ofrecéis sobre mi altar pan inmundo. Y dijisteis: ¿En qué te hemos deshonrado? En que pensáis que la mesa de Jehová es despreciable.

Dios no está obligado a adaptarse a nuestros gustos. Más bien, nosotros tenemos la obligación de adaptarnos a Su voluntad. Si nuestras preferencias van en contra de lo que Dios aprueba, debemos estar dispuestos a someternos a Él. Si vamos a llamarlo Señor, entonces debemos permitirle que Él sea Señor —el que reina soberanamente— sobre nuestra vida, nuestros deseos, nuestra voluntad... ¡y nuestra música!

John 14:15
Si me amáis, guardad mis mandamientos

Cuando se trata de música que se considera inaceptable, debemos entender que no se trata de preferencias personales. No estoy hablando de "cantos nuevos" versus "cantos antiguos". La antigüedad de un canto no determina si es piadoso o impío.

De hecho, numerosas Escrituras nos instruyen a "cantar un cántico nuevo", como en Salmos 33:3, 96:1, 98:1, 149:1, entre muchos otros. De hecho, me atrevo a decir que si alguien tiene un problema con cantar "cánticos nuevos", no debería planear ir al Cielo, porque cantar un "cántico nuevo" es algo que Juan vio que sucedía en más de una ocasión (ver Apocalipsis 5:9 y 14:3).

Lo que se está tratando aquí no es la novedad o antigüedad de la música, sino la naturaleza carnal de cierta música —no solo en sus letras, sino en la música misma. Como expliqué antes, si el elemento más prominente de la música es el ritmo, entonces apela principalmente a la carne. Por lo tanto, no puede considerarse legítimamente como un "cántico espiritual".

La música impía no nació en tiempos modernos. No llegó a nuestras costas desde algún continente extranjero. No comenzó en clubes nocturnos, cantinas, bares ni conciertos de rock. El tipo de música del que estoy escribiendo comenzó antes de la creación. Se originó en el corazón de Lucifer. Permítame ofrecer pruebas de ello.

Algunos eruditos creen que Lucifer fue el primer "líder de adoración". Por un lado, el nombre "Lucifer" en el hebreo original es heylel (pronunciado "jei-lél"), y proviene de la raíz halal, que es la misma raíz de nuestra palabra "aleluya".

Halal significa: "brillar, alabar, jactarse, actuar de manera alborotada o efusiva". El sufijo "-jah" dirige esa alabanza a Jehová. Por lo tanto, "aleluya" significa literalmente "alaba a Jehová".

En muchos pasajes de los Salmos (como en el Salmo 150), leemos: "Alabad a Jehová". En hebreo, en realidad dice: "¡Aleluya!"

Como puedes ver, el nombre de Lucifer está relacionado con la palabra para la adoración más intensa dirigida a Dios. Esta es una de las razones por las que muchos creen que él fue el líder de adoración en el Cielo.

Pero hay una segunda razón aún más contundente. La música fue creada en él.

Ezequiel 28:13-14

En Edén, en el huerto de Dios estuviste; de toda piedra preciosa era tu vestidura; de cornerina, topacio, jaspe, crisólito, berilo y ónice; de zafiro, carbunclo, esmeralda y oro; los primores de tus tamboriles y flautas estuvieron preparados para ti en el día de tu creación. [14] Tú, querubín grande, protector, yo te puse en el santo monte de Dios, allí estuviste; en medio de las piedras de fuego te paseabas

Si, en efecto, Lucifer fue el líder original de la adoración, ¿qué le ocurrió? ¿Cómo terminó tan alejado de su propósito original? Isaías nos da las respuestas claras a estas preguntas.

Isaías 14:12-15

¡Cómo caíste del cielo, oh Lucero, hijo de la mañana! Cortado fuiste por tierra, tú que debilitabas a las naciones.[13] Tú que decías en tu corazón: Subiré al cielo; en lo alto, junto a las estrellas de Dios, levantaré mi trono, y en el monte del testimonio me sentaré, a los lados del norte; [14] sobre las alturas de las nubes subiré, y seré semejante al Altísimo. [15] Mas tú derribado eres hasta el Seol, a los lados del abismo.

En algún momento del camino, aquel que se suponía debía gloriarse en Dios comenzó a gloriarse en sí mismo. En lugar de buscar dar gloria a Dios, ¡empezó a buscarla para sí! Lucifer dejó de exaltar a Dios y comenzó a buscar —y a esperar— la atención hacia él mismo.

Este cambio de enfoque resultó en un cambio de carácter. Al final, le costó su posición.

Ezequiel 28:15

Perfecto eras en todos tus caminos desde el día que fuiste creado, hasta que se halló en ti maldad

Cuando dejó de alabar a Dios, comenzó a brotar el mal en él. Eventualmente, el orgullo de Lucifer resultó en el acto máximo de rebelión. ¡Fue expulsado del Cielo, llevándose consigo a un tercio de los ángeles! (Véase Apocalipsis 12:4).

Como se mencionó anteriormente, Ezequiel 28:13 dice: "Los primores de tus tamboriles y flautas estuvieron preparados para ti en el día de tu creación". Por lo tanto, sabemos que el diablo fue creado con música en su interior. ¿Es irrazonable suponer que todo lo que había en él —incluyendo su música— se quebrantó cuando fue echado por tierra? (Ezequiel 28:17). Si eso es así, entonces es lógico pensar que la música "rota" que aún está en él sigue siendo utilizada para desviar a las personas. Aunque Dios creó la música, eso no significa que toda variación y tipo le agraden. Al enemigo le encanta tomar lo que Dios crea y pervertir su propósito.

Que Dios haya creado la música NO significa que no haya establecido límites para su uso (¡ESPECIALMENTE cuando se trata de adoración!). Como con la mayoría de Su creación, Dios normalmente establece ciertos parámetros para su uso.

Sostengo que Lucifer (en quien fue creada alguna forma de música) ha torcido el propósito (y, en algunos casos, el estilo) de la música que originalmente fue destinada para la adoración de Jehová. En cambio, él la usa para la autoindulgencia y la autoglorificación. Y en ese proceso, hace que el ser humano también la use con fines egoístas.

Créame: cuando Lucifer dejó de exaltar a Dios y puso el enfoque en sí mismo fue entonces que fue echado del Cielo y, como consecuencia, se convirtió en Satanás. Afirmo que en el momento en que nuestra música se centre más en el músico y/o el cantante y/o el "danzarín" que en Aquel que DEBE ser el enfoque, esa música deja de ser "celestial," sin importar DÓNDE haya sido creada. Simplemente no hay lugar para magnificar la carne mientras se intenta entretener al Espíritu de Dios.

1 Corintios 1:29
A fin de que nadie se jacte en su presencia.

Mientras hablo del peligro de usar música que glorifica la carne, quiero abordar lo que parece ser una tendencia en algunas iglesias apostólicas. Es, cuando menos, preocupante.

En mi opinión, demasiadas iglesias están realizando programas que llaman la atención hacia los individuos en lugar de guiar al pueblo a la presencia de Dios. Los pasos coreografiados y los gestos con las manos pueden causar asombro en la audiencia, pero es dudoso que estas acciones estén llevando a alguien a una adoración profunda y verdadera.

¿Cuál es el propósito detrás de estos movimientos orquestados? No puedo imaginar que se hagan porque los

participantes crean que a Dios le agrada. Sin embargo, TODO
fue creado (y debe usarse) para el placer de Dios, NO el nuestro.
¡Eso incluye la música!

Apocalipsis 4:11
*Señor, digno eres de recibir la gloria y la
honra y el poder; porque tú creaste todas las
cosas, y por tu voluntad existen y fueron
creadas.*

Si una canción está llena de tensión no resuelta, enfatiza el
ritmo por encima de la melodía y la armonía, y/o da gloria a
alguien que no sea el Señor, nunca debe ser cantada ni tocada en
Su casa. No puede haber unión entre el bien y el mal.
Simplemente no es posible mezclar el Espíritu de un Dios santo
con música diseñada por el enemigo impío de nuestra alma.

2 Corintios 6:14-15
*No os unáis en yugo desigual con los
incrédulos; porque ¿qué compañerismo tiene la
justicia con la injusticia? ¿Y qué comunión la
luz con las tinieblas?* [15] *¿Y qué concordia Cristo
con Belial? ¿O qué parte el creyente con el
incrédulo?*

Pablo dijo que el uso de cosas ofrecidas a los demonios es tener
comunión con los demonios. Por lo tanto, no está fuera de lugar
considerar que la música que proviene de los demonios es ¡aún
peor!

I Corintios 10:20
*Antes digo que lo que los gentiles sacrifican, a
los demonios lo sacrifican, y no a Dios; y no
quiero que vosotros os hagáis partícipes con los
demonios.*

Quiero ser claro y ayudarle a reconocer los estilos musicales
que serían desagradables a Dios. El factor más notable de dicha
música es, por supuesto, el ritmo dominante.

Gran parte de la música actual enfatiza el ritmo por encima
de cualquier otra parte de la canción. Esto se debe a que el ritmo
apela a la carne. ¿Qué escuchas cuando un adolescente pasa junto
a ti en su auto con la música a todo volumen? Más que cualquier
otra cosa, siempre distinguirá el ritmo. El énfasis principal está en
el ritmo, no en la melodía. Tiene una forma impulsiva, "rota".

En el caso del rap, NO hay melodía ni armonía. Es SÓLO ritmo. Es carnal y mundano. No tiene ningún valor redentor, sin importar la letra.

La segunda característica de una canción inaceptable es el uso extensivo de la "síncopa". Con esto me refiero a una interrupción o alteración del flujo regular del ritmo. Dicho de manera sencilla, la síncopa es acentuar cualquier parte del compás que normalmente no lleva acentuación. En otras palabras, en lugar de acentuar los tiempos "fuertes" o "débiles", la síncopa se encuentra rítmicamente "entre los espacios".

En tercer lugar, tenga cuidado con cualquier música que emplee un volumen excesivo. Se informa que el promedio de decibelios en un concierto de rock oscila entre 90 y 100, ¡con algunos conciertos registrando más de 130 decibelios![124]

"Una exposición de más de 14 minutos a niveles de decibelios superiores a 100 dB puede causar daño auditivo … Dependiendo de qué tan alto sea el nivel de decibelios, incluso una exposición de corta duración puede ser perjudicial. Por ejemplo, una exposición de más de 2 horas a niveles superiores a 90 dB puede causar daño auditivo. De igual manera, una exposición de más de 2 minutos a niveles superiores a 110 dB puede causar daño o pérdida auditiva".[125]

El daño, sin embargo, no es solo en los oídos. "La exposición prolongada a música a alto volumen puede alterar realmente la estructura del cerebro. Es como golpear repetidamente un tambor: eventualmente, dejará una deformación. Estas alteraciones pueden afectar la forma en que el cerebro procesa el sonido e incluso pueden impactar funciones cognitivas más allá de la audición".[126]

Una última señal clara de que una canción puede clasificarse como inaceptable es la tensión musical que mencioné anteriormente. Mucha de la música actual está llena de tensión, con poca (o ninguna) resolución. Es cualquier cosa menos

---

[124] Decibel Pro, *Rock Concert Decibels Estimated,* https://decibelpro.app/blog/how-loud-is-a-rock-concert,

[125] *Ibid*

[126] NeuroLaunch, *Music's Negative Effects on the Brain: Exploring the Dark Side of Melodies,* https://neurolaunch.com/how-music-affects-the-brain-negatively

relajante. Definitivamente no es propicia para la adoración (excepto, quizás, en el caso de adorar ídolos). La música impía está llena de tensión musical sin resolución. La frustración que se crea puede – y a menudo lo hace – resultar en comportamiento extremadamente negativo que podamos imaginar. Esto, sin duda, es un factor importante en el aumento de la violencia y los embarazos entre adolescentes.

Un físico y una neurobióloga realizaron un experimento para probar los efectos de los sonidos de fondo en ratones de laboratorio. Harvey Bird, de la Universidad Fairleigh Dickinson en Rutherford, Nueva Jersey, y Gervasia Schreckenberg, del Georgian Court College en Lakewood, Nueva Jersey, expusieron a un grupo de ratones por ocho semanas al ritmo discordante de la batería del rock. Según Schreckenberg, cuando los colocaron en un laberinto, estos ratones tardaban mucho más en encontrar su comida. Vagueaban sin sentido de dirección. Los ratones que pasaron ocho semanas escuchando valses de Johann Strauss se comportaron normalmente. Cuando los disecaron, los cerebros de los ratones expuestos a la música rock mostraban estructuras neuronales anormales en la región asociada con la memoria del aprendizaje".[127]

Si entendemos los peligros de este estilo de música, desistiremos de permitir que nuestros jóvenes —o nosotros mismos— nos alimentemos de una influencia tan destructiva. Como mostramos en el capítulo 7, la Biblia nos instruye a no contaminar ni dañar el templo de nuestro cuerpo.

1 Corintios 3:17
Si alguno destruyere el templo de Dios, Dios le destruirá a él; porque el templo de Dios, el cual sois vosotros, santo es.

1 Corintios 6:19
¿O ignoráis que vuestro cuerpo es templo del Espíritu Santo, el cual está en vosotros, el cual tenéis de Dios, y que no sois vuestros?

---

[127] Schreckenberg, G. M., & Bird, H. H. *Neural Plasticity of Mus Musculus in Response to Disharmonic Sound.* The Bulletin of the New Jersey Academy of Science. 1987.

"Destruir" o dañar el templo de su cuerpo puede hacerse de muchas más maneras que sólo a través de adulterio, tabaco y alcohol. Si ciertos tipos de música realmente destruyen las células nerviosas del cerebro y dañan nuestra audición, esos estilos deben evitarse a toda costa.

Hasta este punto, ni siquiera he abordado la letra. Aunque este capítulo está dedicado a la música "cristiana" (en contraste con la música secular), al menos debo mencionar que la letra de la mayoría de las canciones seculares (incluyendo la "música country") son tan impías que ciertamente no encajan en la categoría de "salmos, himnos y cánticos espirituales". Las canciones seculares, en general, son viles y antibíblicas en su contenido. Independientemente de si pudiéramos clasificar el ESTILO musical como incorrecto, si las LETRAS son detestables, ningún hijo de Dios debería elegir escucharlas voluntariamente.

Filipenses 4:8

Por lo demás, hermanos, todo lo que es verdadero, todo lo honesto, todo lo justo, todo lo puro, todo lo amable, todo lo que es de buen nombre; si hay virtud alguna, si algo digno de alabanza, en esto pensad.

Aunque una canción tenga letras cristianas, eso no la convierte necesariamente en una canción "buena". Muchas de las canciones contemporáneas de hoy están llenas de tensión sin resolución. Es difícil entrar en un espíritu profundo de verdadera adoración al escucharlas. Pueden llevar a una congregación a un frenesí emocional, pero eso no es adoración. Sin embargo, tristemente, este estilo ha reemplazado casi por completo los himnos y cantos de evangelio que antes se cantaban como expresión de alabanza y adoración. Aquellas canciones brindaban consuelo e inspiración a innumerables miembros de la iglesia. Hoy en día, eso ya no sucede.

Una vez más, quiero declarar enfáticamente que no estoy diciendo que todos los "cánticos nuevos" sean incorrectos. Simplemente intento ayudarle a entender que no puede aceptar todo lo que se presenta con la etiqueta de "música cristiana".

Muchas de las canciones actuales no son más que comida chatarra musical, sin absolutamente ningún valor espiritual. Los llamados coros 7-11 (las mismas siete palabras cantadas once veces) están inundando nuestras iglesias.

Me preocupa seriamente cuando la gente dice que debemos adoptar los estilos musicales del mundo para alcanzar a los perdidos. Primero, en ninguna parte dice Dios que la música sea un método de salvación. Él escogió la locura de la predicación, ¡no la locura del canto! (1 Corintios 1:21).

1 Corintios 1:21
Pues ya que en la sabiduría de Dios, el mundo no conoció a Dios mediante la sabiduría, agradó a Dios salvar a los creyentes por la locura de la predicación.

En segundo lugar, estoy convencido de que si la juventud de hoy está "desinteresada," no es por causa de la música. Si algo los ha alejado, ha sido la hipocresía de gran parte de la generación mayor. La mayoría de los jóvenes hoy simplemente no se dejan engañar por una máscara religiosa. Ellos están buscando algo MEJOR de lo que ya tienen —algo que los transforme. No están buscando lo mismo que ya conocen, simplemente con un disfraz diferente.

Recomiendo encarecidamente que todos abordemos con escepticismo cualquier tratamiento "contemporáneo" de temas religiosos. Si hay un mensaje en ello, lo más probable es que no sea el tipo de mensaje que realmente queremos que nuestros jóvenes reciban.

Nos guste o no admitirlo, la llamada "música cristiana contemporánea" es un proyecto comercial. Los artistas, en su mayoría, están capitalizando el nombre de Cristo. ¿Quién puede contar la cantidad de músicos seculares que, cundo tocan el fondo en las listas de popularidad, de repente dicen que son "salvos"? Sin embargo, su "salvación" parece durar solo lo suficiente para recuperarse económicamente. Luego, con demasiada frecuencia, desaparecen, llevándose consigo a muchos seguidores.

En su libro *God Gave Rock & Roll to You*, la autora Leah Payne describió muchas de las "mega iglesias" actuales. Escribió que estas "aprendieron como hacer crecer grandes iglesias con experiencias de adoración estilo concierto de rock".[128] Esto suena muy parecido a lo que estoy viendo en la actualidad en algunas iglesias apostólicas. Están pintando el santuario de negro, usando

---

[128] Payne, Leah, *God Gave Rock & Roll to You: a history of contemporary Christian music,* Oxford University Press, 2024.

luces estroboscópicas y máquinas de humo, llenando la plataforma con luces LED multicolores y fondos visuales. Suben el volumen y ofrecen al público una producción de "primer nivel".

Lamentablemente, usar un método nacido del movimiento carismático muy probablemente llevará, con el tiempo, a la transformación gradual de una iglesia apostólica en una asamblea carismática.

Por cierto, no existe tal cosa como "Rock Cristiano" o "Rap Cristiano". Si es rock o rap, no es cristiano. Si es cristiano, definitivamente no es rock ni rap. Decir "Rock Cristiano" es como decir "Cigarrillos Cristianos," "Alcohol Cristiano," o "Fornicación Cristiana". Simplemente no se pueden combinar. No hay nada cristiano en ninguno de esos estilos musicales. No se puede tener ambos. Intentarlo es como la actitud de los israelitas que "temían a Jehová, y servían a sus propios dioses" (2 Reyes 17:33).

2 Reyes 17:33
Temían a Jehová, y honraban a sus dioses, según la costumbre de las naciones de donde habían sido trasladados.

En mis palabras de apertura, señalé cómo el apóstol Pablo nos dijo específicamente qué tipos de música se nos permite usar: "salmos, himnos y cánticos espirituales". No se hace referencia a ningún otro tipo de música como permisible.

Por lo tanto, las canciones que cantamos deben ser salmos, himnos o cánticos espirituales. Como ya expliqué, la palabra espiritual simplemente significa "aquello que se opone a lo carnal". Pertenece al corazón y al alma, en contraste con la carne. Así que, las canciones que cantamos – o escuchamos – nunca deben apelar a la carne.

Romanos nos enseña: "Vestíos del Señor Jesucristo, y no proveáis para los deseos de la carne". (Romanos13:14) ¡NUESTRA MÚSICA NUNCA DEBE APELAR PRIMORDIALMENTE A LA CARNE! Si lo hace, no puede clasificarse como un cántico espiritual.

Creo de todo corazón que ha llegado el momento de despertarnos a lo que está sucediendo. Es hora de que cada uno de nosotros tome una postura contra lo que podría llamarse el "Caballo de Troya de Satanás": la música impía que está siendo aceptada por un pueblo que una vez fue santo.

Si alguien hiciera una encuesta entre los jóvenes que escuchan gran parte de la música "cristiana" contemporánea de hoy, es muy probable que descubriera que la mayoría están adictos a la música y no les importa de dónde proviene. Por lo tanto, no tienen problema en "cruzar" de la "música cristiana contemporánea" a canciones seculares que suenan casi igual. Lamentablemente, muchos ya están allí.

Mis preocupaciones se resumen en las palabras del Dr. Albert Barnes, quien escribió sobre la música de la iglesia del Nuevo Testamento. Él expresó: "Sus salmos e himnos debían considerarse como un método de enseñanza y amonestación; es decir, debían estar impregnados de verdad, es decir, que elevaran la mente y la apartaran del error y del pecado. El Dr. Johnson dijo una vez que si se le permitiera componer las baladas de una nación, no le importaría quién hiciera las leyes. En un sentido aún más importante, es cierto que quien tenga permiso para componer los himnos de una iglesia necesita preocuparse poco por quién predica o quién redacta el credo. Él moldeará con mayor eficacia los sentimientos de una iglesia que quienes predican o redactan credos y confesiones. Por lo tanto, es indispensable, para [asegurar] la preservación de la verdad, que los cantos sagrados de una iglesia estén impregnados de sentimiento evangélico íntegro".[129]

Padres, no debemos aceptar los engañosos términos del diablo de dejar a nuestros hijos en su mortal dominio (ver Éxodo 10:10-11). Jóvenes, no caigan en la trampa de Satanás de aceptar música envuelta en letras "cristianas". En lugar de eso, tomemos con todo el corazón una postura firme contra la locura y el método de la música impía.

---

[129] Barnes, A., J. G. Murphy, F. C. Cook, E. B. Pusey, H.C. Leupold, & R. Frew, Barnes' Notes. Blackie & Son, 1847.

NO CONTRISTEIS AL ESPIRITU

Efesios 4:30
Y no contristéis al Espíritu Santo de Dios, con el cual fuisteis sellados para el día de la redención.

Quizás uno de los desafíos más significativos al escribir un libro sobre la santidad y separación es que algunas personas pueden esperar que sea total. Con esto me refiero a que piensan que debe incluir absolutamente todo, abordando cada posible tema —y, por lo tanto, si algo NO se aborda o explica, debe ser aceptable (o, al menos, no lo suficientemente importante como para mencionarlo). También es posible que, como autor, se me acuse de no querer tomar una posición sobre un tema en particular. Sin embargo, ese tipo de pensamiento es, en el mejor de los casos, simplista.

Sería imposible para cualquier persona cubrir todos los temas relacionados con cuestiones de separación en un solo libro. Por un lado, el mundo está cambiando constantemente: surgirán nuevos problemas y tentaciones, lo que posiblemente haría que cualquier intento de este tipo quedara obsoleto.

Además, ya existe una gama tan amplia de atractivos carnales que sería logísticamente imposible abordarlos todos. ¡Un trabajo de tal magnitud requeriría muchos volúmenes!

En este capítulo final, quiero tocar algunos principios que abarcan la mayoría de los temas que aún no he tratado. Ofreceré principios que ayudarán con el método adecuado para enfrentar los nuevos avances mundanos que eran desconocidos al momento de escribir esto.

Al principio de esta exposición, traté la importancia de tener un "espíritu correcto". (Si es necesario, tal vez desee regresar y releer ese capítulo antes de continuar). Sin embargo, hay un aspecto acerca de mantener un espíritu correcto que siento debe ser explicado con mayor profundidad.

En Efesios 4, el apóstol Pablo escribió acerca de cosas que requieren nuestra atención. Parece poner un énfasis especial en lo que manifiesta nuestro espíritu.

Efesios 4:22-29

En cuanto a la pasada manera de vivir, despojaos del viejo hombre, que está viciado conforme a los deseos engañosos, [23] y renovaos en el espíritu de vuestra mente, [24] y vestíos del nuevo hombre, creado según Dios en la justicia y santidad de la verdad. [25] Por lo cual, desechando la mentira, hablad verdad cada uno con su prójimo; porque somos miembros los unos de los otros. [26] Airaos, pero no pequéis; no se ponga el sol sobre vuestro enojo, [27] ni deis lugar al diablo. [28] El que hurtaba, no hurte más, sino trabaje, haciendo con sus manos lo que es bueno, para que tenga qué compartir con el que padece necesidad. [29] Ninguna palabra corrompida salga de vuestra boca, sino la que sea buena para la necesaria edificación, a fin de dar gracia a los oyentes.

En el versículo 22, él dice que debemos "despojarnos de la pasada manera de vivir". En el versículo 23, nos instruye a ser "renovados" en nuestro espíritu. El versículo 24 nos dice que nos vestiremos del nuevo hombre, santo. El versículo 25 nos manda a dejar la mentira. En el versículo 26, leemos que debemos controlar nuestro temperamento. El versículo 27 nos informa que no debemos darle lugar a la tentación. El versículo 28 básicamente ordena a los hombres dejar de robar y ponerse a trabajar. En el versículo 29, el apóstol nos recuerda tener cuidado con lo que decimos. Todo lo mencionado implica mantener siempre un espíritu correcto.

Pero no se detuvo allí. No solo debemos cuidar nuestro espíritu, sin embargo. También debemos procurar no "contristar" al Espíritu de Dios.

Efesios 4:30
Y no contristéis al Espíritu Santo de Dios, con
el cual fuisteis sellados para el día de la
redención.

Esta fue una apelación importante a la iglesia en Éfeso cuando él les dijo (y, por extensión, a todo cristiano) que no contristaran al Espíritu de Dios. La importancia de lo que se estaba diciendo podría pasar fácilmente desapercibida si no se toma el tiempo para profundizar en su significado.

La palabra griega que se traduce como "contristar" en este pasaje se utiliza de varias otras formas a lo largo del Nuevo Testamento. En todos los casos, sin embargo, la traducción transmite dolor o tristeza. Por ejemplo, se traduce como "triste" (Mateo 14:9, 17:23, 18:31, 19:22, 26:22, 26:37; Marcos 14:19; Juan 16:20; 2 Corintios 2:2, 6:10, 7:8-9, 11; 1 Tesalonicenses 4:13), "contristar" o "contristado" (Marcos 10:22; Juan 21:17; Romanos 14:15; 2 Corintios 2:4-5; Efesios 4:30), y "afligido" (1 Pedro 1:6).

¿Cómo podría ser posible que el hombre mortal cause que el Espíritu de Dios se sienta "triste," "contristado" o "afligido"? ¿Acaso el Espíritu de Dios siente tristeza como resultado de las acciones de los hombres? ¡Absolutamente, sí!

Esto no debería parecernos tan difícil de comprender, considerando que sabemos que ciertas acciones han provocado claramente la ira de Dios. Si Él puede experimentar ira, ¿por qué nos sorprendería que también pueda experimentar tristeza?

En el primer libro de la Biblia vemos que Dios, en efecto, siente dolor. Según el libro de Génesis, la maldad de la humanidad llevó a Dios a entristecerse.

Genesis 6:5-6
Y vio Jehová que la maldad de los hombres
era mucha en la tierra, y que todo designio de
los pensamientos del corazón de ellos era de
continuo solamente el mal. ⁶ Y se arrepintió
Jehová de haber hecho hombre en la tierra, y le
dolió en su corazón.

Con respecto a este pasaje, Matthew Henry escribe: "Aquí está... el resentimiento de Dios ante la maldad del hombre. No lo vio como un espectador indiferente, sino como alguien herido y ofendido por ella; lo vio como un padre tierno ve la necedad y la obstinación de un hijo rebelde y desobediente, lo cual no solo lo enoja, sino que lo entristece, y le hace desear ...no haber tenido hijos".[130]

¡El pecado y la impiedad entristecen a Dios! Otros pasajes confirman esto al describir también cómo la pecaminosidad de la humanidad afecta a Dios.

Amos 2:13

Pues he aquí, yo os apretaré en vuestro lugar,
como se aprieta el carro lleno de gavillas;

Aquí, la palabra "apretar" significa "aplastar, agobiar". Se usa para describir un peso profundo que presiona fuertemente sobre algo. En el contexto, se emplea de manera figurada para mostrar el peso de la rebeldía de Israel oprimiendo a Dios.[131] ¡El pecado quebranta Su corazón!

Isaías 43:24

No compraste para mí caña aromática por
dinero, ni me saciaste con la grosura de tus
sacrificios, sino pusiste sobre mí la carga de tus
pecados, me fatigaste con tus maldades.

En este versículo, el Señor dijo que estaba "fatigado" de sus iniquidades. Su maldad espiritual causó que Dios se sintiera "disgustado". El libro de los Salmos también utiliza esta misma palabra ("disgustado").

Salmos 95:10

Cuarenta años estuve disgustado con la
nación, Y dije: Pueblo es que divaga de corazón,
Y no han conocido mis caminos.

La palabra hebrea utilizada aquí literalmente significa "aborrecer, causar náuseas, estar disgustado con".[132] No cabe duda de que la impiedad tiene un impacto directo en Dios.

---

[130] Henry, M., *Matthew Henry's Commentary on the Whole Bible,* Fleming H. Revell, 1935.

[131] Baker, W., & E. E. Carpenter, *The Complete Word Study Dictionary: Old Testament,* AMG Publishers. 2003.

[132] Barnes, A., J. G. Murphy, F. C. Cook, E. B. Pusey, H.C. Leupold, & R. Frew, *Barnes' Notes.* Blackie & Son, 1847.

Leyendo nuevamente Efesios 4:30, reconocemos que el "contristar" al Espíritu se produce al hacer cosas que le disgustan. Esto puede verse claramente en el contexto del versículo. Ya hemos leído los versículos que lo preceden, así que veamos ahora los versículos que le siguen.

Efesios 4:30-32
> *Y no contristéis al Espíritu Santo de Dios, con el cual fuisteis sellados para el día de la redención. [31] Quítense de vosotros toda amargura, enojo, ira, gritería y maledicencia, y toda malicia. [32] Antes sed benignos unos con otros, misericordiosos, perdonándoos unos a otros, como Dios también os perdonó a vosotros en Cristo.*

El Espíritu de Dios es identificado de una manera muy singular. Solo uno de los atributos de Dios se utiliza de forma constante a lo largo de las Escrituras como la descripción específica de ese Espíritu. No se le llama el "Espíritu de Amor," ni el "Espíritu de Poder," ni el "Espíritu de Enseñanza" (aunque todas estas cosas acompañan la llenura de ese Espíritu). Más bien, es el "ESPÍRITU SANTO," lo cual indica que la razón más importante por la que debemos ser llenos del Espíritu de Dios es para habilitarnos a ser santos.

1 Pedro 1:15-16
> *Sino, como aquel que os llamó es santo, sed también vosotros santos en toda vuestra manera de vivir; [16] porque escrito está: Sed santos, porque yo soy santo.*

La voluntad suprema de Dios para nuestras vidas es que adoptemos Su imagen —una imagen de santidad. Esto se explica en el Libro de Romanos.

Romanos 8:28-29
> *Y sabemos que a los que aman a Dios, todas las cosas les ayudan a bien, esto es, a los que conforme a su propósito son llamados. [29] Porque a los que antes conoció, también los predestinó para que fuesen hechos conformes a la imagen de su Hijo, para que él sea el primogénito entre muchos hermanos.*

Aunque el versículo 28 ha sido citado con frecuencia, me pregunto cuántas personas realmente entienden lo que se está diciendo. Si bien el versículo dice que Dios hará que todas las cosas obren para nuestro bien, también dice que esto sucede para "los que conforme a SU PROPÓSITO son llamados". El propósito del cual Pablo habla se encuentra en el versículo 29, cuando escribe que la intención de Dios es que seamos "hechos conformes a la imagen de Su Hijo".

Dios permite circunstancias difíciles en nuestras vidas con la intención de despojarnos de todo aquello que no se asemeja a Él. Su meta y propósito para nosotros es hacernos santos. Cuando permitimos que nuestro corazón se rinda a los placeres mundanos o nos vestimos con atuendos impíos, estamos luchando contra la voluntad de Dios para nuestras vidas.

Este sería un buen momento para abordar otro concepto erróneo común. Hay quienes afirman que, dado que la Iglesia del Nuevo Testamento ahora está "bajo la gracia," eso significa que Dios simplemente no nos responsabiliza por nuestros pecados. En cambio, dicen, Él los pasa por alto.

¡Esa enseñanza no podría estar más alejada de la verdad! De hecho, es completamente contraria al fundamento mismo de las Escrituras. Cuando Pablo habló sobre vivir bajo la gracia, dijo explícitamente que eso NO nos da licencia para continuar en el pecado.

Romanos 6:1-2

¿Qué, pues, diremos? ¿Perseveraremos en el pecado para que la gracia abunde? *² En ninguna manera. Porque los que hemos muerto al pecado, ¿cómo viviremos aún en él?*

El prosiguió y dicho que deberíamos vivir libres del pecado. Su motivo fue simple _PORQUE estamos bajo la gracia!

Romanos 6:14

Porque el pecado no se enseñoreará de vosotros; pues no estáis bajo la ley, sino bajo la gracia.

En su epístola a Tito, Pablo explicó la gracia de una manera que contrasta fuertemente con cómo se presenta en la mayoría de las iglesias hoy en día. Según Pablo, ¡la gracia es en realidad nuestra instructora en justicia!

Tito 2:11-12
Porque la gracia de Dios se ha manifestado
para salvación a todos los
hombres, ¹² enseñándonos que, renunciando a la
impiedad y a los deseos mundanos, vivamos en
este siglo sobria, justa y piadosamente,
Pablo no fue el único en presentar esta idea. El apóstol
Judas también abordó la gracia desde la misma perspectiva.

Judas 1:4
Porque algunos hombres han entrado
encubiertamente, los que desde antes habían
sido destinados para esta condenación, hombres
impíos, que convierten en libertinaje la gracia
de nuestro Dios, y niegan a Dios el único
soberano, y a nuestro Señor Jesucristo.
Cuando él dijo que estos "hombres impíos" habían
convertido la gracia en "libertinaje," estaba diciendo que estaban
presentando la gracia de Dios como si permitiera vivir vidas
desenfrenadas, llenas de placeres indulgentes. ¡Eso suena MUY
parecido a lo que muchas iglesias están haciendo hoy en día!
En su carta a Tito, Pablo condenó esa actitud. Escribió en
contra de aquellos que hacen una profesión de fe pero no viven
de acuerdo con la Palabra de Dios.

Tito 1:16
Profesan conocer a Dios, pero con los hechos
lo niegan, siendo abominables y rebeldes,
reprobados en cuanto a toda buena obra.
La gracia no es una licencia para que vivamos como nos
plazca. ¡La gracia es la fuerza de Dios concedida a nosotros para
que podamos vivir de manera que le agrade a Él!
Vivir una vida santa y separada no se trata de obedecer una
lista de reglas por temor al castigo (ya sea de parte de Dios o de
quienes tienen autoridad sobre nosotros). Se trata de amar tanto a
Dios que no queremos causarle tristeza. No queremos
involucrarnos en nada que lo decepcione o entristezca.
Porque no queremos frustrar la gracia de Dios ni contristar
Su Espíritu, hay una consideración importante que debemos
meditar. Esta se basa en un versículo del libro de Hebreos.

Hebreos 13:2

*No os olvidéis de la hospitalidad, porque por
ella algunos, sin saberlo, hospedaron ángeles.*

Cuando el apóstol escribió estas palabras, abordó algo que
demasiadas personas pasan por alto. Existe un ámbito espiritual
que interactúa directamente con el ámbito físico en el que
habitamos.

La palabra "hospedar", tal como se usa aquí, significa ser
hospitalario con alguien o incluso preparar un alojamiento para
esa persona. Según este versículo, hay ocasiones en las que las
personas han "hospedado" ángeles (que esta misma epístola
define como "espíritus ministradores" en el capítulo 1, versículo
14).

Si los ángeles son espíritus ministradores que sirven a los
santos, entonces los demonios (ángeles caídos) son espíritus que
atormentan a los santos. ¡Y si es posible "hospedar" a los
espíritus ministradores, también es posible que algunas personas
hospeden a los espíritus que atormentan!

Creo que esto es parte de lo que se aborda en Efesios.
Mientras Pablo enumeraba las formas en que debemos
comportarnos para proteger nuestro espíritu, ofreció una
instrucción específica con respecto al enemigo.

Efesios 4:27

Ni deis lugar al diablo.

Según *Strong's Concordance*, la palabra "lugar" proviene
del término griego *"tópos,"* que significa: "un lugar, una
habitación, aposento... cualquier porción o espacio delimitado...
del espacio que lo rodea; un lugar habitado, como una ciudad,
aldea o distrito".[133]

Hace varios años, un hombre de Dios muy respetado contó
la historia de cómo una noche se despertó y sintió la presencia de
Satanás en su habitación. Intentó reprender al diablo, pero el
espíritu maligno le habló y le dijo: "Tengo permiso para estar
aquí". Continuó intentando reprender al espíritu, pero sin éxito.
Finalmente, caminó por la casa y encontró una revista que
alguien había traído, la cual contenía representaciones

---

[133] Strong, James, *Strong's Exhaustive Concordance of the Bible,*
Originalmente publicado en 1890.

demoníacas. La quemó, reprendió al diablo nuevamente, y esta vez obtuvo la victoria.

Creo que hay cosas que podemos hacer, libros que podemos leer, lugares a los que podemos ir, cosas que podemos ver, cosas que podemos escuchar, e incluso actitudes que podemos desarrollar, que crean un "lugar" donde el diablo se "hospeda" en nuestras vidas. ¡Involucrarnos en estas cosas entristece al Espíritu Santo de Dios!

Tristemente, parece que gran parte de lo que entretiene al enemigo es lo que los pecadores consideran "entretenimiento" para sí mismos. Para la iglesia, debería ser nuestro deseo hospedar espíritus ministradores en lugar de entretener a los espíritus del infierno.

Todo esto me lleva a preguntarme algo muy inquietante:¿Estamos hospedando espíritus angelicales o estamos siendo entretenidos por demonios y la carne?

Con esa pregunta en mente, enfocaré el resto de este capítulo en algunas áreas de entretenimiento que debemos considerar seriamente. ¡En algunos casos, simplemente debemos EVITARLAS por completo

• **Deportes**

Hoy en día, una de las formas más comunes de entretenimiento son los deportes. Aunque reconozco que este es un tema controvertido, ¿consideraría al menos la siguiente información?

Tom Brady (un famoso mariscal de campo) y algunos de sus colegas desarrollaron una compañía (y sitio web) llamada "La Religión de los Deportes". Una de sus declaraciones fundacionales dice: *"Los deportes no son como la religión. Los deportes son religión. Proveen significado, propósito y sentido a sus participantes — desde atletas hasta espectadores, entrenadores, locutores, familiares, amigos y fanáticos. Si los deportes son la fe, estos son los fieles — y nosotros somos sus*

*discípulos. Bienvenidos a la Religión de los
Deportes "*[134]*.* [Énfasis añadido.]

Muchas personas son más fieles a su equipo deportivo favorito que a cualquier iglesia o religión. Lamentablemente, muchos jóvenes son mucho mejores para citar estadísticas deportivas y posiciones de jugadores que para citar Escrituras o identificar personajes bíblicos.

No es difícil comparar una arena deportiva con una iglesia, el entusiasmo de los fanáticos con la adoración, y la vestimenta del equipo con los estándares de santidad exterior. Al hacer esta comparación, se hace evidente que los deportes pueden ser tan "demandantes" como cualquier religión.

Hace siglos, los líderes de la iglesia primitiva predicaban en contra de asistir (o participar) en eventos deportivos profesionales, reconociendo que la atmósfera creada por estos eventos era completamente contraria a todo lo que los cristianos creían. Por ejemplo, en sus "Homilías Contra los Espectáculos," Juan Crisóstomo escribió: "Es evidente que en los escritos cristianos desde los primeros siglos de vida de la Iglesia, la actitud de los Padres respecto a los espectáculos de confrontaciones griegas y recreaciones romanas prohibía expresamente la asistencia de cristianos como espectadores".[135] Hasta hace poco, esta postura se mantuvo constante en la mayoría de las iglesias apostólicas.

La censura sobre la participación en deportes profesionales no estuvo históricamente limitada a nuestro movimiento. "Antes de la Guerra Civil, los clérigos y laicos devotos consideraban los deportes como distracciones innecesarias y el ingreso hacia la disolución moral — competidores claros del tiempo y la atención sagrada. Un puritano inglés del siglo XVII llamado Thomas Hall expresó una opinión común cuando sugirió que el 'juego' estaba entre los medios más seguros para 'corromper a un pueblo, y apartarlos de Dios y su adoración hacia la superstición

---

[134] Religion of Sports: Co-Founded by Tom Brady, Michael Strahan, and Gotham Chopra, as quoted by Elder Joe Savala in his article, *"Christianity and Sports,"* copyright JPS Ministries, 2021.

[135] Chrysostom, John. *Homilies on the Epistle of St. Paul to the Ephesians. Homily 19.* In *The Nicene and Post-Nicene Fathers, First Series,* edited by Philip Schaff, Wm. B. Eerdmans Publishing Co., 1889.

e idolatría.' 'No vinimos a este mundo para el deporte,' opinó una revista cristiana en 1851, 'sino para un propósito más alto y noble.' El hecho de que los deportes se practicaran a menudo en el sábado cristiano los hacía aún más condenables. Sin embargo, al acercarse el siglo XX, las actitudes hacia los deportes cambiaron".[136]

"Los deportes están teniendo éxito según las medidas que tradicionalmente definían el éxito de las instituciones religiosas: involucrar regularmente a las personas en una experiencia trascendente y mantenerlas comprometidas con fervor a largo plazo".[137]

Pablo declaró inequívocamente que los cristianos no deben mezclarse con prácticas impías. No debemos tener comunión con las obras de las tinieblas.

1 Corintios 10:20

Antes digo que lo que los gentiles sacrifican, a los demonios lo sacrifican, y no a Dios; y no quiero que vosotros os hagáis partícipes con los demonios.

2 Corintios 6:14

No os unáis en yugo desigual con los incrédulos; porque ¿qué compañerismo tiene la justicia con la injusticia? ¿Y qué comunión la luz con las tinieblas?

Cuando asistimos, vemos o escuchamos un partido, nuestros corazones laten al unísono con los de los demás fanáticos. Nuestros gritos se elevan junto con los suyos. Nos alegramos, nos frustramos, y salimos felices o decepcionados... todo en perfecta armonía con un estadio lleno de incrédulos. ¡ En mi punto de vista, eso suena a "compañerismo"!

• Tecnología

Otra área de preocupación involucra la tecnología actual — especialmente todo lo que se ofrece a través de internet. Más

---

[136] Washington Post, *Is Religion Losing Ground to Sports?*, https://www.washingtonpost.com/opinions/is-religion-losing-ground-to-sports/2014/01/31/6faa4d64-82bd-11e3-9dd4-e7278db80d86_story.html
[137] *Ibid*

específicamente, las redes sociales han captado la atención —y la participación abundante— de millones de personas.

Aunque no tomaré el tiempo para detallar todos los peligros evidentes de estos sitios (ni para nombrarlos específicamente), sí creo que nos corresponde como cristianos reconocer los tropiezos que implican. Hay algo en "esconderse" detrás de una pantalla que parece hacer que muchos pierdan toda cautela y abandonen cualquier filtro al dirigirse a los demás. Con demasiada frecuencia, la "ropa sucia" se expone al público, se lanzan vendettas personales, se busca venganza, y se hacen ataques en los que los cristianos nunca deberían participar.

Incluso ha habido quienes se atreven a debatir públicamente diversos puntos sobre la "santidad" frente a cientos de pecadores con los que están conectados por medio de su red social preferida (Facebook, Twitter/X, etc.). ¿Qué impresión causa eso en los incrédulos al ver a cristianos discutir sobre alguna diferencia en nuestros estándares personales?

Otro problema con estos medios es la cantidad desproporcionada de tiempo que se desperdicia. Cientos de horas se malgastan viendo "reels," "shorts," "clips" y a veces incluso películas en Instagram, YouTube y otras plataformas —¡todo mientras se condena ver televisión o asistir al cine! Esto NO es para justificar lo uno o lo otro, sino para señalar la inconsistencia en la que con demasiada facilidad podemos caer.

El pueblo de Dios no debe ser culpable de desperdiciar vastas porciones de nuestro precioso tiempo en actividades triviales que no aportan ningún beneficio, ni a nosotros ni a nadie más. ¡Especialmente en estos últimos días, debemos REDIMIR el tiempo, NO malgastarlo!

Efesios 5:16
Aprovechando bien el tiempo, porque los días son malos.

"Aprovechar" significa "emplear útilmente algo, sacarle el máximo rendimiento… el significado parece ser hacer un uso sabio y sagrado de cada oportunidad para hacer el bien, de modo que el celo y las buenas obras sean, por así decirlo, el precio con el cual hacemos nuestro el tiempo".[138]

Además de ser una pérdida de tiempo, existen otros peligros asociados con diversos tipos de tecnología. Muchos de los juegos electrónicos actuales ofrecen opciones de "chat". Trágicamente, personas pervertidas se aprovechan de estos chats para atraer a niños desprevenidos hacia situaciones horribles.

Recientemente, un videojuego muy popular fue duramente criticado tras añadir una nueva función. Los jugadores entraban en una sala y encontraban a una criatura demoníaca sentada en un trono. Entonces se les ofrecía una opción escalofriante: vender su alma a cambio de beneficios dentro del juego.[139]

Ciertamente no es saludable espiritualmente jugar videojuegos que implican actividades violentas y/o criminales. Esto es especialmente cierto si la actividad está entre aquellas cosas que Dios considera una abominación (como el asesinato). Una vez más, quiero enfatizar que no debemos permitir que una abominación entre en nuestros hogares. (Ver Deuteronomio 7:26.)

La Inteligencia Artificial ("IA") también está presentando un problema. El sociólogo James Haidt dice: "La migración masiva de la infancia al mundo virtual ha alterado el desarrollo social y neurológico. Esta alteración incluye ansiedad social, privación del sueño, fragmentación de la atención y adicción".[140] Como consecuencia, un joven de 14 años se quitó la vida porque "se enamoró" de un personaje generado por IA que lo animó a hacerlo.[141]

---

[138] Thayer, J., *A Greek-English Lexicon of the New Testament,* Baker Book House, 1993.

[139] Express Tribune, *Fortnite Faces Backlash Over New Feature Allowing Players to "Sell Their Soul" to Revive Teammates,* https://tribune.com.pk/story/2502902/fortnite-faces-backlash-over-new-feature-allowing-players-to-sell-their-soul-to-revive-teammates, October 15, 2024.

[140] Haidt, Jonathan, The Anxious Generation, https://www.anxiousgeneration.com, Accessed March 13, 2025.

[141] The Independent, *The Disturbing Messages Between AI Chatbot and Teen Who Took His Own Life,* https://www.the-independent.com/news/world/americas/crime/ai-chatbot-lawsuit-sewell-setzer-b2635090.html, October 24, 2024.

Al momento de escribir esto, YouTube es extremadamente popular, incluso entre muchos apostólicos. Aunque las siguientes estadísticas no se centran en hogares apostólicos, siguen siendo sorprendentes. "El 80% de todos los padres con un hijo de 11 años o menos dicen que su hijo [a veces] ve videos en YouTube, y el 53% informa que su hijo lo hace a diario, incluyendo cerca de un tercio que dice que esto sucede varias veces al día (35%)".[142]

"YouTube no es un lugar para que los niños —de cualquier edad— naveguen solos," según la consultora en educación cibernética Lori Getz.[143] Un médico dijo: "Un niño tiene la capacidad de pasar de un video inofensivo, por ejemplo sobre aves, a un video con contenido para adultos, todo en cuestión de segundos".[144]

El Dr. Brandon Smith, profesor asistente de pediatría en Johns Hopkins en Baltimore, ha abordado otras preocupaciones. "Los estudios en niños en edad preescolar han demostrado una relación entre el mal control de los impulsos y la falta de autorregulación con el uso temprano y prolongado de medios de baja calidad. También se cree que el exceso de tiempo frente a pantallas con medios de baja calidad puede contribuir a un peor desarrollo del lenguaje en ciertos niños".[145]

Un área final de advertencia que siento que debo ofrecer es el peligro de permitir que el internet nos proporcione demasiadas voces en nuestras vidas. Pablo escribió sobre "muchas voces," afirmando que todas tienen algún significado (1 Corintios 14:10). Sin embargo, en una parte anterior de su carta, dejó claro que su voz debía ser la más importante.

---

[142] Pew Research Center, *Parental Views About YouTube,* https://www.pewresearch.org/internet/2020/07/28/parental-views-about-youtube, July 28, 2020.

[143] Care.com, *9 Red Flags of YouTube for Kids and Tips for Safer Viewing,* https://www.care.com/c/how-youtube-affects-kids

[144] *Ibid*

[145] *Ibid*

1 Corintios 4:15-16

Porque aunque tengáis diez mil ayos en Cristo, no tendréis muchos padres; pues en Cristo Jesús yo os engendré por medio del evangelio. ¹⁶ Por tanto, os ruego que me imitéis.

Hoy en día existen muchas opciones disponibles a través del internet. Los podcasts y las transmisiones de cultos son abundantes. Mi preocupación surge cuando estas opciones comienzan a traer confusión al presentar ideas contrarias a las que se enseñan en la iglesia local.

Incluso si la fuente que estás escuchando es apostólica, siempre debes permitir que la voz de tu pastor sea la más "fuerte," la más firme y la más influyente en tu vida. Él es el atalaya que Dios ha colocado en tu vida, y nadie debe ocupar su lugar.

Otro problema surge cuando un miembro de una iglesia comienza a escuchar (o quizás incluso ver) los cultos de una congregación que no es su iglesia local. Puede convertirse en una tentación comparar los estándares —o los supuestos "beneficios" (es decir, lo que la otra iglesia ofrece)— y decidir cambiarse de iglesia basándose en lo que escucha o lo que ve.

Dios te colocó en tu iglesia por una razón. Aunque hay ocasiones en que una transferencia es necesaria, no debe hacerse por motivos egoístas —y nunca sin el consejo piadoso de tu pastor.

Cuando abrí este capítulo, traté el hecho de que me es imposible abordar todos los temas relacionados con la santidad y la separación. No obstante, he intentado proporcionar suficientes principios que sirvan de guía en la mayoría de las áreas. Algún día, puede que actualice este libro para incluir más temas, especialmente a medida que el mundo cambia y surgen nuevos desafíos. Lo más importante que debemos recordar es que debemos ser más diligentes que nunca en guardar nuestro espíritu, alma y cuerpo.

El punto central de este capítulo —y de este libro— es que TODO lo que hagamos o permitamos NUNCA debe "entristecer" al Espíritu Santo de Dios. De hecho, volvamos a mirar nuestro versículo de apertura.

Efesios 4:30
Y no contristéis al Espíritu Santo de Dios, con el cual fuisteis sellados para el día de la redención.

Hay otra manera de pensar en lo que significa "contristar" al Espíritu Santo. Verás, el Espíritu Santo está asociado con el fuego.

Luke 3:16
Respondió Juan, diciendo a todos: Yo a la verdad os bautizo en agua; pero viene uno más poderoso que yo, de quien no soy digno de desatar la correa de su calzado; él os bautizará en Espíritu Santo y fuego:

Hay dos maneras de extinguir un fuego. Podemos entristecerlo o apagarlo. Curiosamente, ambos términos se usan para describir el trato que se le da al Espíritu de Dios en nuestras vidas.

1 Tesalonicenses 5:19
No apaguéis al Espíritu.

Para "apagar" un fuego, es necesario añadir materiales adversos (agua, tierra, productos químicos, etc.) que cubran completamente las llamas. Contrario a la manera en que este versículo se usa comúnmente, la idea verdadera detrás de la amonestación de Pablo de no "apagar" al Espíritu Santo NO tiene NADA que ver con la adoración y tiene TODO que ver con el estilo de vida.

Para "entristecer" un fuego, uno debe remover todo lo inflamable —como cavar una zanja a su alrededor o eliminar el oxígeno (por ejemplo, cubriendo una vela con un recipiente de vidrio), lo cual la "sofoca". Pablo nos exhortó a no "entristecer" al Espíritu Santo —por lo tanto, debemos tener cuidado de no "sofocar" el Espíritu de Dios dentro de nosotros rodeándonos de cosas que no favorecen que el Espíritu obre conforme a Su voluntad para nuestras vidas.

Nuestro objetivo es mantener el fuego ardiendo. Para lograrlo, debemos presentarnos continuamente como sacrificio vivo (ver Romanos 12:1). El Espíritu de Dios puede capacitarnos para vencer los deseos pecaminosos de la carne. (Ver Gálatas 5:16.)

Efesios 3:16
Para que os dé, conforme a las riquezas de su gloria, el ser fortalecido con poder en el hombre interior por su Espíritu.

La fortaleza del Espíritu de Dios nos permitirá vivir una vida santa. La práctica constante de orar en el Espíritu (ver Romanos 8:23–26), asistir a la iglesia (ver Hebreos 10:26) y leer la Biblia (ver Salmos 119:11) proveerá protección, guía, discernimiento y nutrición espiritual. El resultado final será un estilo de vida de separación: del mundo y para Dios.

BIBLIOGRAFIA

American Addiction Centers, *The Link Between Child Abuse and Substance Abuse,* https://americanaddictioncenters.org/blog/the-link-between-child-abuse-and-substance-abuse, Updated April 30, 2024.

American Cancer Society, *Why People Start Smoking and Why its Hard to Stop*, https://www.cancer.org/cancer/risk-prevention/tobacco/guide-quitting-smoking/why-people-start-using-tobacco.html, Accessed March 12, 2025.

American Heart Association, *What You Need to Know about Vaping,* https://www.heart.org/en/health-topics/house-calls/what-you-need-to-know-about-vaping, Accessed March 12, 2025.

BAKER, W., & E. E. Carpenter, *The Complete Word Study Dictionary: Old Testament,* AMG Publishers. 2003.

BARNES, A., J.G. Murphy, F.C. Cook, E.B. Pusey, H.C. Leupold, & R. Frew, *Barnes' Notes.* Blackie & Son, 1847.

BERNARD, David K., *Practical Holiness: A Second Look,* Word Aflame Press, 1985.

BROWN, Francis, Samuel Rolles Driver, and Charles Augustus Briggs. *A Hebrew and English Lexicon of the Old Testament.* Houghton Mifflin Company, 1906.

Care.com, *9 Red Flags of YouTube for Kids and Tips for Safer Viewing,* https://www.care.com/c/how-youtube-affects-kids, October 20, 2022.

CBS News, *50% of Doctors Prescribe Placebos,* https://www.cbsnews.com/news/50-of-doctors-prescribe-placebos, October 24, 2008.

Centers for Disease Control, *Facts About U.S. Deaths from Excessive Alcohol Use,* https://www.cdc.gov/alcohol/facts-stats/index.html, August 6, 2024.

Centers for Disease Control, *Impaired Driving,* https://www.cdc.gov/impaired-driving/facts/index.html, May 16, 2024.

Centers for Disease Control, *Smoking and Tobacco Use,* https://www.cdc.gov/tobacco/e-cigarettes/about.html, October 24, 2024.

Christianity.com, *What is the Sin of Gluttony, and What are its Consequences?*, https://www.christianity.com/wiki/sin/what-is-the-sin-of-gluttony-its-definition-and-consequences.html, Updated May 22, 2024.

CHRYSOSTOM, John. *Homilies on the Epistle of St. Paul to the Ephesians. Homily 19.* In *The Nicene and Post-Nicene Fathers, First Series,* edited by Philip Schaff, Wm. B. Eerdmans Publishing Co., 1889.

CLARKE, Adam. *Adam Clarke's Commentary on the Bible.* Originally published 1810–1826.

Cleveland Clinic, *Second Hand Smoke,* https://my.clevelandclinic.org/health/articles/10644-secondhand-smoke-dangers, Accessed March 12, 2025.

CONLON, Michael, Reuters, *TV and Other Factors Lead to Early Teen Sex: Study,* https://www.reuters.com/article/lifestyle/tv-and-other-factors-lead-to-early-teen-sex-study-idUSTRE4AO049, November 24, 2008.

CVETKOVSKA, Ljubica, Modern Gentleman, *26 Beard Statistics and Facts You Probably Didn't Know,* https://moderngentlemen.net/beard-statistics, January 1, 2021.

CYPRIAN, Saint, Eternal World Television Network, *The Dress of Virgins,* https://www.ewtn.com/catholicism/library/dress-of-virgins-12507, Accessed March 13, 2025.

Decibel Pro, *Rock Concert Decibels Estimated,* https://decibelpro.app/blog/how-loud-is-a-rock-concert, Accessed March 13, 2025.

Dictionary.com, www.dictionary.com, Accessed March 12, 2025.

Douay-Rheims Bible, Loreto Publications, 2020.

DUPONT, Laurent, Research Gate, https://www.researchgate.net/figure/Edgar-Dale-Audio-Visual-Methods-in-Teaching-3rd-Edition-Holt-Rinehart-and-Winston_fig1_283011989, June 2013.

EMERSON, Ralph Waldo, *Sow a Thought and You Reap an Action, The Complete Works of Ralph Waldo Emerson,* edited by Edward Waldo Emerson, vol. 2, Houghton, Mifflin and Company, 1883.

Express Tribune, *Fortnite Faces Backlash Over New Feature Allowing Players to 'Sell Their Soul' to Revive Teammates,* https://tribune.com.pk/story/2502902/fortnite-faces-backlash-over-new-feature-allowing-players-to-sell-their-soul-to-revive-teammates, October 15, 2024.

GARNER, Tom, Live Science, https://www.livescience.com/iwo-jima-flag-raising.html, February 23, 2021.

God's Word Translation, Baker Books, 2010.

Golden Book Magazine, Volume 14, Published by The Review of Reviews Corporation, Albert Shaw, New York. 1931.

GORE, Chancy, *Facial Hair - A Christian Perspective,* Advance Ministries, 1998.

GRIFFIN, Kelsey, Dan Segraves, Ralph Reynold, Rick Wyser, *Why? A Study of Christian Standards,* Word Aflame Publications. 1984.

GUZIK, David. Study Guide for James 3, *Warnings and Words to Teachers*, Blue Letter Bible, 2018. https://www.blueletterbible.org/comm/guzik_david/study-guide/james/james-3.cfm, Accessed March 13, 2025.

HAIDT, Jonathan, The Anxious Generation, https://www.anxiousgeneration.com, Accessed March 13, 2025.

HARLEY, Dr. Willard F., Jr., *His Needs, Her Needs,* Baker Publishing Group, 2011.

HENRY, M., *Matthew Henry's Commentary on the Whole Bible,* Fleming H. Revell, 1935.

Holman Christian Standard Bible, Holman Bible Publishers, 2004.

HOOKE, S. H., *The Bible in Basic English,* Cambridge University Press, 1982.

JAMIESON, Robert, Andrew Robert Fausset, and David Brown, *Commentary on the Whole Bible.* Originally published 1871.

Johns Hopkins Medicine, *5 Vaping Facts You Need to Know,* https://www.hopkinsmedicine.org/health/wellness-and-prevention/5-truths-you-need-to-know-about-vaping, Accessed March 12, 2025.

Johns Hopkins Medicine, *Smoking and Respiratory Diseases,* https://www.hopkinsmedicine.org/health/conditions-and-diseases/smoking-and-respiratory-diseases, Accessed March 12, 2025.

LEGON, Jeordan, CNN, *From Science and Computers, a New Face of Jesus,* https://www.cnn.com/2002/TECH/science/12/25/face.jesus/index.html, December 26, 2002.

MALINS, Joseph, *A Fence or an Ambulance,* 1895 or 1898 (sources uncertain), printed in the Iowa Health Bulletin in 1912.

Merriam-Webster Dictionary, https://www.merriam-webster.com/dictionary, Accessed March 12, 2025.

Mill, John Stuart, *System of Logic,* Baptist Missionary Press, 1821.

MITCHELL, Ben, *The Works of the Flesh (Galatians 5:19),* published by the Christian Life Commission of the Southern Baptist Convention, Nashville, TN [date unknown].

National Highway Safety Administration, *Drunk Driving,* https://www.nhtsa.gov/risky-driving/drunk-driving, Accessed March 12, 2025.

NeuroLaunch, *Music's Negative Effects on the Brain: Exploring the Dark Side of Melodies,* https://neurolaunch.com/how-music-affects-the-brain-negatively, Updated October 2, 2024.

Northwestern Medicine, https://www.nm.org/healthbeat/healthy-tips/alcohol-and-the-brain, Updated November 2023.

Online Etymology Dictionary, https://www.etymonline.com, Accessed March 12, 2025.

OULLETTE, Dr. R. B., Ministry 127, https://ministry127.com/christian-living/keeping-your-spirit-right, May 13, 2020.

PATTON, William, *The Laws of Fermentation and the Wines of the Ancients,* National Temperance Society and Publication House, 1872.

PAULOSE, Dr. K.O., *Gluttony – Is it a Sin?,* https://drpaulose.com/spirituality/gluttony-is-it-a-sin, May 5, 2008.

PAYNE, Leah, *"God Gave Rock & Roll to You: a history of contemporary Christian music"*, Oxford University Press, 2024.

PETERKIN, Alan, *One Thousand Beards: A Cultural History of Facial Hair,* Arsenal Pulp Press, 2001.

Peterson, Eugene, *The Message Bible,* Playaway Publishers, 2010.

Pew Research Center, *Parental Views About YouTube,* https://www.pewresearch.org/internet/2020/07/28/parental-views-about-youtube, July 28, 2020.

Public Broadcasting System, *The History of the American Flag,* https://www.pbs.org/a-capitol-fourth/history/old-glory, Accessed March 12, 2025.

Religion of Sports: Co-Founded by Tom Brady, Michael Strahan, and Gotham Chopra, as quoted by Elder Joe Savala in his article, *"Christianity and Sports,"* copyright JPS Ministries, 2021.

RICHARDS, Louisa, and Cynthia Taylor Chavoustie, MPAS, PA-C, Medical News Today, https://www.medicalnewstoday.com/articles/how-many-drinks-does-it-take-to-get-drunk, Updated September 26, 2023.

RIGGEN, Gregory, *The Madness and Method of Modern Music,* New Life Ministries, 1988.

RIGGEN, Gregory, *Understanding the Godhead,* New Life Ministries, 2019.

RIGGEN, Gregory, *Understanding the New Birth,* New Life Ministries, 2019.

SCHRECKENBERG, G. M., & Bird, H. H. *Neural Plasticity of Mus Musculus in Response to Disharmonic Sound.* The Bulletin of the New Jersey Academy of Science, 1987.

SPENCE-JONES, Henry Donald Maurice, and Joseph S. Exell, editors, *The Pulpit Commentary,* Funk & Wagnalls Company, 1890–1919.

STEWART, Missionary Jessie, *Inward Holiness,* taught at a conference in the Republic of South Africa on March 28, 2024.

STRONG, James, *Strong's Exhaustive Concordance of the Bible,* Originally published 1890.

Bibliography

THAYER, J., *A Greek-English Lexicon of the New Testament,* Baker Book House, 1993.

The Ante-Nicene Fathers, Volume IV. Alexander Roberts and James Donaldson, editors. W.B. Eerdmans Pub. Co, 1973.

The Holy Bible: The Common English Bible, Abingdon Press, 2011.

The Contemporary English Version, Thomas Nelson Publishers, 1995.

The Holy Bible: Darby Translation; Christian Classics Ethereal Library; 2002.

The Holy Bible: English Standard Version, Crossway Books, 2001.

The Holy Bible: International Standard Version, Davidson Press, 2003.

The Holy Bible: New Century Version, Thomas Nelson Publishers, 1991.

The Holy Bible: New International Reader's Version, Zondervan, 2016.

The Independent, *The Disturbing Messages Between AI Chatbot and Teen Who Took His Own Life,* https://www.the-independent.com/news/world/americas/crime/ai-chatbot-lawsuit-sewell-setzer-b2635090.html, October 24, 2024.

The New King James Bible, Worldwide Publishers, 2017.

VINE, W.E., J.R. Kohlenberger, J.A. Swanson, *The Expanded Vine's Expository Dictionary of New Testament Words.* Bethany House Publishers, 1984.

Washington Post, *Is Religion Losing Ground to Sports?,* https://www.washingtonpost.com/opinions/is-religion-losing-ground-to-sports/2014/01/31/6faa4d64-82bd-11e3-9dd4-e7278db80d86_story.html, January 31, 2014.

WILKERSON, David, *Set the Trumpet to Thy Mouth,* Sovereign World Publishers, 1985.

Wordnik.com, https://www.wordnik.com/words/dissipate, Accessed March 12, 2025.

World English Bible, Librivox, 2017.

ACERCA DEL AUTOR

El Pastor Gregory K. Riggen nació en 1960 de padres (en ese momento) que no eran cristianos. Comenzó a asistir a una Iglesia Pentecostal Apostólica a la edad de 11 años. Al año siguiente, recibió el Espíritu Santo y fue bautizado en el nombre de Jesús. Posteriormente ganó a toda su familia para El Señor. Ese verano sintió el llamado al ministerio, y predicó su primer mensaje un miércoles por la noche a la edad de 13 años. El pastor Riggen recibió su bachillerato del Colegio Bíblico de Texas en Houston. Con un promedio de 4.0, fue el graduado con las mejores calificaciones en su clase. Inmediatamente después de la graduación entró en el ministerio de tiempo completo.

A la edad de 24 años, aceptó su primera oficina pastoral. Ha pastoreado en Texas, Colorado, Mississippi y Kansas.

En 1988, el pastor Riggen publicó su primer libro, "La locura y el método de la música moderna". Ha escrito numerosos artículos, así como varias lecciones para *Word Aflame Publications*. También ha escrito y publicado dos Estudios Bíblicos para el Hogar.

En 2013, el pastor Riggen fue invitado a Zimbabue para dar conferencia a varios pastores pentecostales trinitarios. Esa reunión resultó en el bautizo en el nombre de Jesús de más de 50 pastores y esposas. Como consecuencia, fundó *A2Z Missions* y por la cual desde entonces ha entrado en los países de Botsuana, Malaui, Sudáfrica, Suazilandia y Zambia. Literalmente cientos de pastores han recibido la revelación del Dios Poderoso en Cristo y han sido bautizados en el nombre de Jesús debido a la enseñanza que recibieron a través de sus conferencias.

El Pastor Riggen ha pastoreado la Iglesia *Truth Church* en Olathe, Kansas durante 24 años. Durante este tiempo, ha sido fundamental en el establecimiento de tres "obras hijas". Su visión es plantar muchas más iglesias en toda el área metropolitana de Kansas City mientras continúa dirigiendo la obra en Olathe.

Él y su esposa, Rhonda (Yates) Riggen, han estado casados por 45 años. Tienen tres hijas y diez nietos.

www.ingramcontent.com/pod-product-compliance
Lightning Source LLC
Chambersburg PA
CBHW071214090426
42736CB00014B/2817